GOLDMANN
A R K A N A

Buch

Jennifer Skiff hat außergewöhnliche Erlebnisse und Eindrücke von Menschen gesammelt, die in Grenzsituationen schon einmal die Gegenwart Gottes gespürt haben. Wie durch ein Wunder haben sie alle Rettung und Trost erfahren, obwohl ihre Situation ausweglos erschien.

Ein Chirurg stellt während einer Herzoperation fest, dass das Herz des Patienten gesund ist; Soldaten im Irakkrieg beobachten, wie unmittelbar neben einem Kameraden eine Bombe explodiert und dieser, wie durch ein Wunder, vollkommen unverletzt bleibt; ein verzweifeltes Ehepaar erhält Antwort auf ein Gebet und wird davor bewahrt, dass seine Kinder ums Leben kommen; eine junge Frau verliert ihren Freund bei den Anschlägen des 11. September in New York und empfängt daraufhin eine Botschaft, die ihr inneren Frieden bringt.

Jennifer Skiff erzählt von vielen wunderbaren Gotteserfahrungen und davon, wie sich das Leben dieser Menschen von Grund auf veränderte. Entstanden ist eine Sammlung faszinierender, berührender Geschichten, die beweisen, dass Gott uns nahe ist.

Autorin

Jennifer Skiff ist eine renommierte Journalistin, die für ihre Arbeit schon mehrfach ausgezeichnet wurde. Als Korrespondentin und Reporterin für CNN reist sie seit über zehn Jahren um die Welt. Sie lebt und arbeitet in Maine, London und Australien.

Jennifer Skiff

Ich habe Gott erfahren

Wunderbare Geschichten von
Rettung und Heilung

Aus dem Englischen von
Barbara Kuhny

GOLDMANN
ARKANA

Die Originalausgabe erschien 2008 unter dem Titel
»God Stories. Inspiring Encounters with the Divine«
bei Harmony Books, an imprint of the Crown Publishing Group,
a division of Random House, Inc., New York.

FSC
Mix
Produktgruppe aus vorbildlich
bewirtschafteten Wäldern und
anderen kontrollierten Herkünften

Zert.-Nr. SGS-COC-1940
www.fsc.org
© 1996 Forest Stewardship Council

Verlagsgruppe Random House FSC-DEU-0100
Das für dieses Buch verwendete FSC-zertifizierte Papier
München Super liefert Arctic Paper Mochenwangen GmbH.

1. Auflage
Deutsche Erstausgabe November 2009
© 2009 der deutschsprachigen Ausgabe
Arkana, München
in der Verlagsgruppe Random House GmbH
© 2008 by Jennifer Skiff
Umschlaggestaltung: UNO Werbeagentur, München
Umschlagmotiv: getty images / Tooga
Redaktion: Gerhard Juckoff
SB · Herstellung: CZ
Satz: Greiner & Reichel, Köln
Druck und Bindung: GGP Media GmbH, Pößneck
Printed in Germany
ISBN 978-3-442-21883-7

www.arkana-verlag.de

*Für all die wunderbaren Seelen, die mein Leben
berührt haben und weiter bei mir sind*

Inhalt

Einleitung 9

1. »Ein wunderbares Zeichen«
Hinter die Dinge schauen 17

2. »Es sind nur gute Nachrichten«
Auf die Stimme hören 49

3. »Kannst du mir helfen?«
Die Antwort annehmen 91

4. »Ich strampelte, kämpfte und boxte«
Den Schutzengel willkommen heißen 141

5. »Dein Glaube hat dich geheilt«
Heilung empfangen 165

6. »Etwas sagte mir, ich solle den Flug nicht nehmen«
Die Warnung akzeptieren 183

7. »Was war das?«
Das Licht spüren 209

8. »Ich sah eine große, starke Hand«
Sehen heißt glauben 241

9. »Ich kannte den Zeitpunkt ihres Todes«
Das Leben nach dem Tod bezeugen 271

10. »Ich muss euch etwas beichten«
Eine Intuition haben 301

11. »Ich will noch nicht gehen«
Von der anderen Seite zurückkehren 327

Dank 345
Über die Autorin 347

Einleitung

Warum bin ich auf der Welt? Gibt es über diese Welt hinaus noch etwas anderes? Existiert Gott? Solche Fragen stellen sich uns unentwegt im Leben. Doch die Antworten entziehen sich uns, sie sind einfach nicht greifbar. Wir Menschen in der heutigen Zeit sind faktengesteuert: Wir brauchen Beweise, bevor wir uns eine Meinung bilden, und tun Ereignisse, die sich logisch nicht erklären lassen, leicht ab. Dennoch sehnen wir uns verzweifelt danach, eine Gewissheit zu finden, die aus einer sicheren Zukunft erwächst. Die Suche nach dieser Gewissheit hat die Menschen in zwei Lager gespalten: diejenigen, die Trost in der etablierten Religion und ihrer Verheißung eines Lebens nach dem Tod suchen, und diejenigen, die sich für spirituell halten, ohne religiös gebunden zu sein, und glauben, dass ihre Seele in irgendeiner Form weiterbesteht, ohne zu wissen, wie und wo. Ganz gleich, zu welchem Lager Sie gehören, wir wünschen uns alle dasselbe: eine Bestätigung, dass unsere Überzeugungen wahr sind. Wir wollen Beweise für Begegnungen mit dem Göttlichen in der heutigen Zeit.

In meinem Leben habe ich immer wieder Beweise für die Existenz Gottes in Form so tiefgreifender Erfahrungen erhalten, dass sie bei Atheisten eine Gänsehaut ausgelöst haben.

Diese Offenbarungen haben mir Hoffnung gegeben, meine Ängste beseitigt und mir inneren Frieden geschenkt. Die intensive Freude, die in solchen Augenblicken vorherrscht, lässt allmählich nach und macht einem ruhigen Wohlbefinden Platz. Im Laufe der Zeit stellen sich von Neuem Zweifel ein, bis eine weitere unerwartete Begegnung mit dem Göttlichen mich wie ein Sprung ins kalte Wasser schlagartig weckt und mein Vertrauen auffrischt. Ich weiß, dass ich nicht allein bin. Da die Beweise, die wir bekommen, nicht greifbar sind, vertrauen wir ihnen oft eine Zeitlang, um sie dann wieder zu verwerfen. Aber unsere Sehnsucht bleibt unersättlich. Wie Ameisen angesichts einer Spur von Zucker sehnen wir uns nach mehr. So ist dieses Projekt zustande gekommen.

Vielleicht läuft Ihnen beim Lesen der Geschichten in diesem Buch ein Schauer über den Rücken, vielleicht müssen Sie auch weinen oder sind tief berührt, weil Sie Antworten auf die Fragen finden, die Sie sich immer gestellt haben.

Mein Grund, ein Buch dieser Art zu schreiben, liegt nicht unmittelbar auf der Hand. Ich bin ganz gewiss keine Expertin auf dem Gebiet der Theologie oder Religion. Auslöser für das Buch war die Frage einer Pastorin, ob ich irgendwelche Geschichten kenne, die Erfahrungen mit Gott schildern. Auf meine Nachfrage erklärte sie mir, sie meine damit wunderbare Geschichten von Rettung und Heilung, die bewiesen, dass Gott existiert.

Nie zuvor in meinem Leben hatte mir jemand eine solche Frage gestellt. Ich hatte tatsächlich solche Erfahrungen gemacht, aber nicht gewagt, sie zu erzählen, doch waren mir definitiv Dinge widerfahren, die ich für Begegnungen mit dem Göttlichen hielt. Die Idee weckte mein Interesse als Journalistin, und ich fragte mich, ob auch andere Menschen Erlebnisse dieser Art gehabt hatten. Also begann ich, in meinem Freundeskreis herumzufragen, und war sehr überrascht von der Resonanz. Ich stellte fest, dass eine überirdische Intelligenz, die viele Menschen Gott nennen würden, tagtäglich mit Millionen von Menschen in Verbindung tritt.

Eine meiner eigenen Begegnungen mit dem Göttlichen fand statt, als ich 32 Jahre alt war und eine Zeit hochgradiger Frustration und Enttäuschung durchlebte. Beruflich ging es mir gut – ich arbeitete als Korrespondentin für CNN, den größten Nachrichtensender der Welt. Aber privat war ich unglücklich und fühlte mich als Versagerin. Ich war zum zweiten Mal verheiratet und zum zweiten Mal im Begriff, mich scheiden zu lassen.

Um diese Zeit entwickelte sich ein lähmender Schmerz in meinem rechten Bein. Nachdem ich monatelang verschiedene Ärzte konsultiert hatte, die nicht sagen konnten, was mir fehlte, landete ich beim Chef der Orthopädie im Massachusetts General Hospital in Boston. Es stellte sich heraus, dass ich einen Knochenmarkstumor hatte und umgehend operiert werden musste.

Als ich aus der Narkose aufwachte, eröffnete mir der Arzt, dass er mein Bein vorläufig hatte retten können, aber dass es sich bei dem Tumor tatsächlich um Krebs handelte. Auch wenn es schrecklich klingen mag – mir fiel ein Stein vom Herzen, weil ich wusste, dass ich nun nicht mehr weiterzuleben brauchte.

Da geschah etwas Seltsames. Innerhalb von 48 Stunden

nach dem Befund wurde ich mit Karten, Blumen, Kuscheltieren und Präsentkörben überhäuft. Ich wusste nicht, woher so viele Menschen erfahren hatten, dass ich im Krankenhaus lag. Eine Frau, die ich seit meiner Kindheit nicht mehr gesehen hatte, schrieb mir, ich habe einen großen Einfluss auf ihr Leben gehabt. Aus allen Teilen des Landes schrieben mir Menschen, die ich nicht kannte, dass sie für mich beteten. Meine Freunde und Angehörigen weinten und überschütteten mich förmlich mit Liebe. Ich wurde in einen warmen Mantel der Zuneigung gehüllt.

Als ich etwa eine Woche nach der Operation in meinem Bett lag und mir gerade meine Beerdigung ausmalte, kam mein Arzt atemlos ins Zimmer gelaufen. Er schaute mich an und strahlte über das ganze Gesicht.

»So etwas habe ich sonst nicht zu verkünden«, sagte er, während er kopfschüttelnd die Hände hob. »Er ist gutartig!«

»Gutartig? Was meinen Sie damit? Ich dachte, der Tumor sei bösartig.«

»Ganz richtig«, sagte er. »Nach der Gewebeprobe zu urteilen, die wir uns angeschaut haben, war er bösartig. Doch gerade sind die Laborbefunde eingetroffen, und sie besagen, dass er gutartig ist.«

Dieses Erlebnis war die letzte Bestätigung, die ich brauchte. Ich hatte schon davor Zeichen erhalten, aber dieses war unübersehbar. Für mich interessierte sich ein Gott, der mir deutlich machte, dass ich weiterleben sollte – um auf positive Veränderungen in der Welt hinzuarbeiten und alles Gute, das mir zuteilgeworden war, wahrzunehmen und zu begreifen.

Einige Menschen zweifeln ihr Leben lang, während andere ihre Erlebnisse als Beweise werten. Die Schauspielerin Jane Seymour erhielt die für sie entscheidende Bestätigung, während sie einen Film in Spanien drehte. Als sie an einer Bronchitis erkrankte, gegen die sie Antibiotika bekam, erlitt sie einen anaphylaktischen Schock. »Als Nächstes erinnere ich mich daran, dass ich in Panik geriet, und dann war die Panik vorbei«, berichtet sie. »Ich war ganz ruhig und schaute auf meinen Körper herunter. Da begriff ich, dass ich meinen Körper verlassen hatte und an der Schwelle des Todes stand. Deshalb wandte ich mich an jemanden da oben – Gott, eine höhere Macht oder wie immer man es nennen will – und sagte: ›Wer auch immer du bist, ich werde deine Existenz nie leugnen und dich nie im Stich lassen. Ich werde keine Minute meines Lebens mehr verschwenden, wenn du es mir zurückgibst.‹« In diesem Buch werden Sie erfahren, was anschließend geschah und wie sich Jane Seymours Leben für immer veränderte.

Ich habe Gott erfahren ist eine Sammlung erstaunlicher Begebenheiten dieser Art. Die Geschichten stammen von Menschen aus allen sozialen Schichten – sie alle schildern den ungewöhnlichen Augenblick, in dem sie eine dramatische Bestätigung für die Existenz einer göttlichen Macht erhielten. Das Ergebnis ist außerordentlich inspirierend: eine Sammlung ungewöhnlicher Erlebnisse, die die Seele und das Vertrauen erneuern und stärken.

In Kalifornien erfuhr Senator Dick Mountjoy eine große spirituelle Stärkung, als er in eine politische Auseinandersetzung verwickelt war und beruflich tief in der Krise steckte. Eine fremde Frau näherte sich ihm, legte ihm die Hand auf die Schulter und fragte, ob sie für ihn beten solle. In diesem Augenblick änderte sich sein Leben. Wärme breitete sich in seinem Körper aus, und eine tiefe Ruhe überkam ihn. Von da an begleitete ihn ein Gefühl des ständigen Trostes, und all seine Sorgen fielen von ihm ab.

Eine junge Mutter in Maine beschreibt den schrecklichen Augenblick, in dem sie erkannte, dass sie und ihre Kinder in Lebensgefahr waren. Sie war auf eine Hauptstraße eingebogen, als ihr von einem Hügel vor ihr auf beiden Spuren zwei Autos entgegenrasten, die sich gegenseitig ein Rennen lieferten. Ihr blieb keine Zeit mehr, um einem Frontalzusammenstoß auszuweichen. Im vorliegenden Buch erzählt sie, wie durch eine göttliche Fügung ihr Leben gerettet wurde.

Shirley Blake schildert eine brutale Vergewaltigung mit 59 Jahren als ihren spirituellen Durchbruch. Sie berichtet, dass sie im schrecklichsten Augenblick ihres Lebens Gottes Stimme hörte, die sie beruhigte und tröstete. In ihrer Geschichte erfahren Sie, warum sie heutzutage sagt, dass dieses Erlebnis für sie von so tiefer Bedeutung war.

Mir ging die Wichtigkeit des Projekts auf, als ich mit dem Sammeln der Geschichten begann. Ich bemühte mich darum, von den Medien interviewt zu werden, weil dadurch Menschen auf meine Website aufmerksam wurden, auf der sie ihre Geschichte veröffentlichen konnten. Ganz zu Anfang interviewte mich ein Zeitungsredakteur in seinem Büro. Nachdem ich auf seine Fragen geantwortet hatte, wollte ich wissen, ob auch er ein Erlebnis zu erzählen habe. Das war der Fall, und während er sprach, kamen ihm die Tränen. Ich war völlig perplex und wusste nicht, was ich tun sollte. Während ich zuhörte, begriff ich, was für ein Privileg es war, dass er mir seine Geschichte anvertraute.

Wie hätte ich wissen sollen, dass sich diese tiefe Erfahrung von nun an Tag für Tag wiederholen würde? Wenn morgens die Sonne aufging, sprang ich aus dem Bett und lief zu meinem Computer, um die eingetroffenen Geschichten zu lesen. Einige rührten mich zu Tränen. Andere überraschten mich bloß, wie diejenige von der Narbe an seiner Schläfe, die mein Mann unerwartet beisteuerte.

Bei den Geschichten ging es mir um eins: um den Augenblick, in dem jemand die persönliche Bestätigung erhielt, dass Gott oder eine göttliche Macht existiert. Menschen aus vielen Religionen, Kulturen und Rassen meldeten sich und erzählten ihre Geschichten, die für sie wahr sind. Es wird skeptische Reaktionen auf dieses Buch geben, und meiner Meinung nach kann sich daraus ein gesunder Dialog entwickeln.

Ich begann mit dem Sammeln, indem ich eine Internetseite einrichtete, www.Godstories.com, auf der Menschen ihre Erlebnisse veröffentlichen konnten. Dann machte ich mithilfe der Medien auf die Seite aufmerksam. Die Besucher der Seite wurden gebeten, persönliche Details zu nennen, zu erklären, dass es sich um eine Geschichte handelte, die sie selbst erlebt hatten, und einer Veröffentlichung ihres Namens zuzustimmen. Wer nicht bereit war, seinem Beitrag durch die Nennung seines Namens Glaubwürdigkeit zu verleihen, kam für die Veröffentlichung nicht in Betracht.

Wenn sich ein Beitrag meiner Ansicht nach für das Buch eignete, kontaktierte ich die betreffende Person und führte oft mehrere Interviews per E-Mail und am Telefon durch. Ich war nicht immer imstande, persönliche Gespräche zu führen, weil auch Geschichten aus fernen Regionen der Welt eintrafen. Nach den Interviews kamen einige Beiträge aus den verschiedensten Gründen nicht mehr in die engere Wahl.

Überraschenderweise kristallisierten sich bei den Geschichten übereinstimmende Leitmotive heraus. Aus diesen Leitmotiven wurden Kapitel, und auf diese Weise nahm das vorliegende Buch Gestalt an.

Ich glaube, dass die Lektüre des Buches Ihr Leben verändern kann, so wie sich meines veränderte, nachdem ich diese Geschichten gehört hatte. Sie hinterließen bei mir nicht nur Staunen und Optimismus, sondern auch einen unerschütterlichen Glauben an etwas, was ich früher in Zweifel gezogen habe. Und es endet nicht mit der letzten Seite, denn wenn Sie Ihre Zweifel erst einmal überwunden haben, werden Sie feststellen, dass Geschichten von Rettung und Heilung jeden Tag auch in Ihrem Leben stattfinden.

I

»Ein wunderbares Zeichen«

Hinter die Dinge schauen

»Bitte, Gott, gib mir die richtigen Worte ein!«

MARIAN BROWN, Gerichtsreporterin

Als Erwachsene hatte ich mich dem katholischen Glauben entfremdet, in dem ich aufgewachsen war. Ich glaubte zwar immer noch an Gott und betete auch, wenn ich allein war, aber ich fragte mich oft, ob er meine Gebete überhaupt hörte. Die Botschaft, die ich eines Tages bekam, beseitigte alle meine Zweifel.

Mein Mann Steve und ich lebten mit unseren beiden Söhnen im San Diego County in Kalifornien. Unser Haus war eines der ersten, das der Brandkatastrophe 2003 zum Opfer fiel – dem zweitgrößten Buschfeuer in der amerikanischen Geschichte. Eine Fläche von 280 000 Hektar brannte ab; die Tierwelt und 3710 Häuser wurden ein Raub der Flammen, und 24 Menschen kamen damals im Oktober ums Leben.

Nach der Evakuierung dauerte es mehrere Tage, bis wir die Brandstätte wieder betreten konnten. Zwanzig unserer besten Freunde durchwühlten den ganzen Morgen die Asche mit Schaufeln, um nachzusehen, ob sich noch irgendetwas von Wert darunter verbarg, bevor das Grundstück für den Neubau freigeräumt wurde. Ihre Bemühungen waren fruchtlos. Es war nichts übrig geblieben; das Feuer hatte so stark gewütet, dass es sogar die Bäume ringsum bis auf die Wurzeln in Asche verwandelt hatte und dort, wo sie gestanden hatten, nur Brandlöcher im Boden hinterlassen hatte.

Ich wollte meinen beiden Söhnen die Brandstätte später am selben Vormittag zeigen. Ich wusste zwar nicht, wie sie reagieren würden, aber mir war klar, dass sie sie in Augenschein nehmen mussten, damit die Heilung einsetzen konnte. Evan, der Ältere, war damals 13 und gab sich sehr stoisch. Es war mein jüngerer Sohn, der zehnjährige Erik, der mir das Herz zerriss, als er stumm durch die Asche stapfte und sich wortlos die Tränen wegwischte.

Ich hatte keine Ahnung, was ich sagen oder tun sollte, als ich die flehenden Blicke meiner Kinder sah, aber ich wusste, dass meine Reaktion einen Schlüssel dafür bilden würde, wie sie mit dem Unglück umgingen. Also begann ich zu beten: »Bitte, Gott, hilf mir. Gib mir die richtigen Worte ein. Was soll ich meinen Kindern sagen, die ihr einziges Zuhause und alles verloren haben, was sie je auf der Welt besessen haben?« Im selben Augenblick rief Erik: »He, ihr habt etwas übersehen. Hier liegt ein Buch.« Unsere Freunde erwiderten: »Unmöglich. Wir haben viereinhalb Stunden lang die Asche durchkämmt, und da ist nichts übrig, und erst recht nichts aus Papier.« Aber Erik blieb beharrlich, bis wir schließlich alle an die Stelle trotteten, wo er auf die Überreste eines Buches deutete. Er bückte sich und hob das Buch auf, das in seinen Händen zerfiel und sich in Fetzen auflöste.

Alle schüttelten den Kopf und gingen weg. Jemand sagte: »Es tut uns so leid, Schatz. Es ist nichts übrig außer Asche.«

»Nein, wartet mal. Schaut doch«, sagte Erik und streckte

seine Hand aus. In seiner Hand lag ein höchst fragiles Aschestückchen von der Größe einer halben Dollarnote. Darauf war das Bild einer Familie zu sehen, die sich an den Händen hielt, und der Satz: SEI DANKBAR FÜR DAS, WAS DU HAST.

»Ich würde so gern das Gesicht des kleinen Jungen sehen«

PAUL HAMMOND, *Netzwerkadministrator*

Meine Frau und ich packten seit einigen Jahren Weihnachtspäckchen für die Organisation *Christmas Child*. Irgendwann hatten wir ein besonders schönes Päckchen für einen kleinen Jungen zusammengestellt. Als es fertig war, sagte ich zu meiner Frau: »Ich würde so gern das Gesicht des kleinen Jungen sehen, wenn er es auspackt.«

Ein Jahr später wollten wir wieder ein Päckchen packen, als uns zufällig eine Broschüre der Organisation *Christmas Child* in die Hände fiel. Meine Frau las sie und rief mich, um mir etwas zu zeigen. Unten auf Seite drei war ein kleiner Junge abgebildet, der einen Teddybären umarmte, den er gerade ausgepackt hatte. Und man stelle sich unser Erstaunen vor! Als wir sein Päckchen genauer in Augenschein nahmen, erkannten wir nicht nur die Geschenke (und die Verpackung) wieder, die wir im Vorjahr ausgesucht hatten, sondern auch den Bären, der eindeutige Erkennungsmerkmale aufwies. Es war unser Päckchen!

»Mom, schau mal!«

BARBARA EIKOST,
ehemalige ehrenamtliche Hospizleiterin

Auch wenn ich immer gläubig war, so hatte ich doch bis zum Morgen des 5. Januar 1998 nie eine »spirituelle Erfahrung« gehabt. Mein 61-jähriger Ehemann Bill, der an einem Plasmozytom litt, wurde zu Silvester ins Krankenhaus eingeliefert, weil sich sein Zustand verschlechtert hatte. Auch wenn er sich in den folgenden vier Tagen zu stabilisieren schien, war uns klar, dass die Behandlung, die sieben Jahre lang geholfen hatte, jetzt nicht mehr wirkte.

Der eine unserer beiden Söhne, der in der Nähe wohnte, war stets zu Besuch gekommen, und am Sonntag, dem 4. Januar, traf auch unser zweiter Sohn aus Atlanta mit dem Flugzeug bei uns ein, weil er spürte, dass seine Anwesenheit wichtig war. Bill freute sich, seine beiden Söhne um sich zu haben. Er war geistig klar, verfolgte die Ergebnisse des Rose-Bowl-Turniers und wirkte friedlich, als Freunde vorbeikamen, um ihm gute Besserung zu wünschen. Spätabends gingen meine Söhne und ich nach Hause. Nachts um vier rief uns das Krankenhaus an, um uns mitzuteilen, dass es Bill nicht gut ging und er nach uns verlangte. Innerhalb einer Viertelstunde standen wir an seinem Bett. Bill ging es sehr schlecht, er rang nach Luft und kämpfte um sein Leben. Unser Hausarzt war bei uns und half uns zu verstehen, was geschah.

Meine Söhne und ich zeigten Bill leidenschaftlich unsere Liebe und Dankbarkeit für alles, was er uns bedeutet hatte. Genau in dem Augenblick, als er seinen letzten Atemzug tat, rief mein Sohn laut: »Mom, schau mal!« Direkt vor dem großen Fenster des Krankenhauszimmers stand an diesem grauen Januarmorgen ein farbenprächtiger Regenbogen! Weder regnete es, noch schien die Sonne; doch dieser bunte Bogen sagte uns auf eine Art, die sich der Erklärung entzieht, dass mein geliebter Mann und der Vater meiner beiden Kinder von dieser Welt an einen besseren Ort geleitet worden war.

Ich habe dieses Erlebnis nie in Zweifel gezogen und auch nie nach einer Erklärung gesucht. Ich akzeptiere es einfach als bemerkenswerten Ausdruck eines gütigen Geheimnisses.

»Ein Akt göttlicher Intervention«

STEPHEN WOOD, *Inhaber einer Baumschule*

Am 28. Oktober 1991 beschloss ich, von einem hundert Meter hohen Berghang zu einem Drachenflug zu starten. Es war ein ausgesprochen windiger Tag, und als ich die Absprungstelle erreichte, hielt ich es für zu gefährlich, aus dieser Höhe zu springen. Deshalb marschierte ich ein Drittel des Weges bergab, um von dort aus einen kleinen Gleitflug zu machen. Ich hatte meine Tasche abgesetzt und stellte gerade einen meiner Gurte ein (die wie Sicherheitsgurte aussehen und für das Gleichgewicht zuständig sind), als ich ein Rascheln im Gebüsch hörte. Da man mich vor giftigen Schlangen in der Gegend gewarnt hatte, dachte ich sofort, dass es sich um eine Schlange handelte. Also packte ich meine Tasche, warf sie mir über die Schulter, prüfte den Sitz der Gurte und sprang. Erst beim Absprung merkte ich, dass ich den zweiten Gurt nicht befestigt hatte, und verlor das Gleichgewicht. Ich trudelte in den Abgrund, fing mich und wurde von einem starken Aufwind erfasst. Kurz darauf befand ich mich 200 Meter über dem Punkt, an dem ich gestartet war. Eine schwere Turbulenz sorgte dafür, dass der Drachen zusammenbrach. Wie ein Sack Kartoffeln stürzte ich aus über hundert Meter Höhe zu Boden.

Ich überlebte den Sturz mit einer gebrochenen Wirbelsäule. Als ich von der Intensivstation kam, eröffneten mir die Ärzte, dass die Wirbelsäule durch den Unfall so schwere Verletzungen davongetragen hatte, dass sie mit Platten und Schrauben fixiert werden musste. Ein Wirbel war gesplittert, zwei weitere waren gebrochen. Die Operation sollte in drei Tagen stattfinden.

Am Morgen vor der Operation sah ich beim Erwachen einen Arzt im weißen Kittel an meinem Bett stehen. Mit freundlichen Worten riet er mir von der Operation ab. Ich solle lieber das Bett hüten und der Wirbelsäule Zeit geben, von selbst zu heilen. Einer seiner Patienten mit einer ähnlichen Wirbelsäulenverletzung nach einem missglückten Fallschirmsprung sei wieder gesund geworden, so fuhr er fort, indem er acht Wochen still gelegen habe, und es gehe ihm gut. Ich dankte dem Arzt und wollte ihm die Hand geben, aber er verschwand buchstäblich – er löste sich vor meinen Augen in Luft auf. Doch ich hatte ihn so deutlich gesehen wie einen Menschen aus Fleisch und Blut!

Als eine Krankenschwester fünf Minuten später das Zimmer betrat und ich ihr mein Erlebnis anvertraute, empfahl sie mir, seinen Rat genau zu befolgen und Schweigen über die Sache zu bewahren. Im Laufe des Vormittags schob man mich im Bett zu einer Computertomografie, und dabei erkannte ich auf einem lebensgroßen Porträt an der Wand des Korridors den Arzt wieder. Die Krankenschwester, der ich es bei meiner Rückkehr erzählte, war nicht überrascht. Der Mann sei Sir George Bedbrook, sagte sie, ein sehr geschätzter und geachteter Chirurg, nach dem das Krankenhaus benannt war.

Sein Spezialgebiet sei das Ausheilen von Wirbelsäulenverletzungen auf natürlichem Wege ohne Operation gewesen. Er sei vor drei Wochen gestorben.

Ich hatte einen schwierigen Tag vor mir. Ich musste meinem Chirurgen, meiner Frau und meinen Eltern klarmachen, dass ich beschlossen hatte, das Bett zu hüten, bis die Wirbelsäule von allein geheilt war. Nach Ansicht des Chirurgen war die Verletzung dafür viel zu schwer, und er gab meiner Frau und meinen Eltern den Auftrag, mich doch noch umzustimmen.

Ich habe mich nicht operieren lassen, und heute, 15 Jahre später, bin ich völlig wiederhergestellt und übe einen körperlich sehr anstrengenden Beruf aus. Ich werde das Erscheinen des Arztes, das ein Akt göttlicher Intervention war, nie vergessen. Ich halte mich für den größten Glückspilz auf Erden!

»Du kannst es!«

MARIE DESJARDINS, *ehemalige Kellnerin*

Im Jahre 1978 war ich 28 und hatte eine schwere Dünndarm-ruptur. Meine sechsjährige Tochter fand mich bewusstlos auf dem Fußboden und rief Hilfe herbei, doch obwohl ich unverzüglich ins Krankenhaus eingeliefert wurde, war es zu spät. Der Arzt glaubte nicht, dass ich überleben würde. Meine Organe versagten, und ich verlor immer wieder das Bewusst-sein. Der Arzt benachrichtigte meine Angehörigen und ließ den Pfarrer kommen, der mir die Letzte Ölung gab.

Als ich nachts allein und unter furchtbaren Schmerzen im Zimmer lag, erschien eine Krankenschwester an meinem Bett. Sie war in Tracht, hatte ein runzliges Gesicht und schien sehr alt zu sein. Mein Blick fiel auf ihre Hände, die sie mir entgegenstreckte, und etwas in mir sagte, dass meine Schmerzen nachlassen würden, wenn ich sie ergriff. Als ich sie jedoch berühren wollte, verschwand sie.

Als ich den anderen Krankenschwestern von der Frau erzählte, kannte keine eine Kollegin, auf die diese Beschrei-bung passte. Der Arzt war der Überzeugung, dass ich halluzi-niert hatte. Doch als der Pfarrer die Geschichte hörte, meinte er, das sei die Muttergottes gewesen, die gekommen war, um mich abzuholen. Aber, so fügte er hinzu, sie habe mich nicht mitgenommen, weil ich wohl noch etwas zu erledigen habe.

Wider Erwarten überlebte ich. Als ich meinem Mann die Geschichte von der Muttergottes erzählte, glaubte er, ich sei im Begriff, den Verstand zu verlieren. Daher bewahrte ich von da an Schweigen über mein Erlebnis und brachte nie mehr die Sprache darauf.

Zwanzig Jahre später fand ich am Schwarzen Brett einer Kirche einen Aushang, auf dem eine Pilgerfahrt nach Medjugorje, einem Dorf in Bosnien-Herzegowina, angekündigt wurde. Ich hatte von dem Ort noch nie gehört und wusste nicht, wie bedeutend er war. Als ich mir Informationen darüber besorgte, fand ich heraus, dass es sich um ein kleines Dorf handelte, in dem die Muttergottes erschien und der Welt Botschaften übermittelte. Ich wusste sofort, dass ich hinfahren musste.

Also machte ich mich von meinem Wohnort im Norden von Maine auf die Reise nach Bosnien-Herzegowina. Bei meiner Ankunft in Medjugorje kniete ich vor der Marienstatue nieder, um zu beten. Ihre Hände waren mir entgegengestreckt, und im selben Augenblick fiel mir die Frau ein, die mir vor zwanzig Jahren im Krankenhaus erschienen war, als ich im Sterben lag. Es waren dieselben Hände! Als ich die Finger in Augenschein nahm, stellte ich fest, dass sie ganz schwarz und beschädigt waren, und ich sagte: »Heilige Muttergottes, wenn ich in deiner Nähe wohnen würde, würde ich deine Hände reparieren und mit frischer Farbe bemalen.« Ich weiß nicht, wie ich auf diese Idee kam, denn ich hatte noch nie in meinem Leben einen Pinsel in der Hand gehalten.

Aber noch während ich die Worte aussprach, bestätigte mir eine innere Stimme, dass ich genau das tun würde.

Kurz nach meiner Rückkehr stand ein entfernter Bekannter vor meiner Tür, der vorher noch nie vorbeigekommen war. Er hatte nur ein einziges Anliegen. Er suchte jemanden, der an einer Muttergottesstatue, die er besaß, Hände anbringen konnte. Ich war fassungslos. Warum hatte er sich ausgerechnet an mich gewandt? Ich erwiderte, ich könne es, obwohl ich keine Ahnung hatte, wie. Doch eine innere Stimme versicherte mir: »Du kannst es.«

In dieser Nacht betete ich um Hilfe für mein Vorhaben. Am nächsten Tag ging ich zu Wal-Mart und kaufte Gips und Knete. Ich probierte die ganze Woche verschiedene Mischungen aus, modellierte schließlich passende Hände und trocknete sie in meinem Backofen.

Später brachte ich mir selbst bei, Statuen mithilfe von Fugenzement und feinem Sandpapier zu reparieren und anschließend mit Farbe nachzumalen. Ich habe mittlerweile über tausend Marienfiguren restauriert, ohne je Geld dafür zu nehmen. Das ist mein Auftrag, der Sinn meines Lebens. Ich glaube, es ist mein Dienst an Gott.

Ich habe über diese Geschichte zwanzig Jahre lang Schweigen bewahrt, weil ich glaubte, die Menschen würden mich für verrückt erklären. Aber ich bin der Überzeugung, dass ich in jener Nacht damals mit 28 Jahren am Leben blieb, um dieses Werk zu tun.

»Durch Elvis fühlte ich mich ihr nahe«

BILL BUTLER, *Rundfunksprecher*

M eine Mutter starb, als ich sechs war. Sie war ledig und zog mich allein groß. Sie war alles, was ich hatte.

Meine Mutter liebte die Musik von Elvis Presley über alles. Gemeinsam mit ihr Platten von Elvis zu hören zählt zu meinen schönsten Erinnerungen. Nach ihrem Tod war Elvis mein Zugang und meine Verbindung zu ihr.

Als ich 26 war, bot sich meiner Frau und mir die Gelegenheit, nach Nashville zu fahren. Ich nahm meiner Frau das Versprechen ab, die Woche in Memphis ausklingen zu lassen, denn ich wollte Graceland, das Anwesen von Elvis, besichtigen.

Die Besichtigungstour war großartig, und wir waren begeistert. An jedem Ausgang von Graceland, das als Museum eingerichtet ist, stößt man auf einen Souvenirladen und wird in Versuchung geführt, vor der Abfahrt noch etwas zu kaufen. Im ersten Laden erstand ich eine DVD und nahm mir fest vor, kein Geld mehr auszugeben und durch die anderen Läden auf dem Weg zum Ausgang nur noch hindurchzuschlendern.

Als ich das Sincerely-Elvis-Museum verlassen hatte und rasch dem Ausgang des Souvenirladens entgegenstrebte, fiel mir ein kleiner glänzender Gegenstand ins Auge. Hunderte von Namensanhängern waren ausgestellt, und ausgerechnet derjenige, der mir ins Auge fiel, war alphabetisch falsch einsortiert. Er hatte die Form eines Herzens mit einer Silhouette von Elvis, und darauf stand der Name meiner Mutter, Sheila.

In dem Augenblick durchfuhr mich ein Schauder von Kopf bis Fuß. Ich glaube, dass ich Gott tief im Innern um die Bestätigung gebeten hatte, dass meine Mutter gut aufgehoben war, und er fühlte sich aufgerufen, mir zu antworten. In diesem Augenblick wusste ich, dass es einen Gott gab und dass ich geliebt wurde. Ich habe seither nie mehr daran gezweifelt.

»Glaube«

BILL FOLEY, *pensionierter Lehrer*

Am 29. Dezember 2002 wollte ich eigentlich meinen Bruder besuchen und einen erneuten Anlauf unternehmen, um unsere Beziehung in Ordnung zu bringen. Ich dachte, wir könnten uns das letzte Spiel der New-England-Patriots am Jahresende gemeinsam anschauen. Da es jedoch sehr kalt war, stand mir nicht der Sinn danach, aus dem Haus zu gehen. Auch wenn mich das schlechte Gewissen drückte und mich ermahnte, dass es mir mehr Freude machen würde, das Spiel gemeinsam mit jemand anderem anzuschauen, blieb ich zu Hause.

Damals hegte ich ernste Zweifel an der Existenz Gottes. Freunde hatten mir empfohlen, mit Gott in Kontakt zu treten, indem ich ihn in Alltagssituationen zu mir einlud. Statt mir die Übertragung mit meinem Bruder anzuschauen, lud ich also Gott dazu ein.

Die gegnerische Mannschaft, die Miami Dolphins, hatte einen kleinen Vorsprung. Sie führten mit nur acht Punkten, aber sie waren deutlich überlegen. In den letzten acht Minuten warf der Quarterback der Patriots einen Pass, der von den Gegnern abgefangen wurde. Es sah ganz danach aus, als sei das Spiel entschieden. Die Fernsehkameras richteten sich schon auf die Fans, die aus dem Stadion strömten.

Da wandte ich mich an Gott und gestand ihm, dass ich mich immer noch schwer damit tat, an seine Existenz zu glauben. Auch wenn mir der Ausgang des Spiels nicht wirklich am Herzen lag, so versicherte ich ihm doch demütig, dass es meinem ziemlich schwachen Glauben Auftrieb geben würde, wenn er dafür sorgen würde, dass das Spiel noch eine Wendung nahm.

Der nächste Spielzug wurde an der 10-Yard-Linie abgewürgt, und die Gegner machten ein Field Goal, womit sie ihre Führung auf elf Punkte ausweiteten, was für die Patriots bedeutete, dass sie innerhalb von fünf Minuten noch zweimal punkten mussten, um zu gewinnen.

Als Nächstes bekamen die Patriots den Kickoff der Gegner, aber gleich darauf warf der Quarterback den Ball einem Gegner in die Arme. Ein Spieler der Patriots, der das verhindern wollte, warf sich beherzt dazwischen. Ich erwartete, dass die Schiedsrichter ihn abstrafen würden, aber seltsamerweise lautete ihr Spruch auf ein gegnerisches Foul, sodass die Patriots in den Ballbesitz kamen. Da fragte ich Gott, ob er die Wahrnehmung der Schiedsrichter im Augenblick des Fouls getrübt hatte. Auch wenn ich keine Antwort erhielt, hatte es danach den Anschein, als sei ein Schalter umgelegt worden. Das Neuengland-Team erwachte plötzlich zu neuem Leben. Auf den ersten offenkundig falschen Schiedsrichterspruch folgten zwei weitere fragwürdige Entscheidungen, zwei katastrophale Kicks der Dolphins, zwei Gelegenheiten, bei denen die Patriots den Ball eroberten und ein günstiger Münzwurf.

Der letzte Kickoff war so ungewöhnlich, dass einer der Spieler zu einem Reporter sagte. »Es war, als hätte der Herrgott selbst den Ball berührt und uns gesagt: ›Ich bin bei euch, Jungs.‹«

Während dieser verwirrenden Minuten fragte ich Gott: »Wie machst du das?« Ich hatte das Empfinden, eine neue Verbindung in meinem Kopf zu etwas zu haben, das ich bis dahin nicht kannte.

Doch dann tauchten die alten Gedanken auf, die mir so gut vertraut waren: »Bleib auf dem Teppich – so etwas hast du schon öfter miterlebt. Es war alles bloß Zufall.«

Die Patriots gewannen das Spiel in der Verlängerung durch ein Field Goal. Ich war baff! Ich hatte um einen Sieg gebeten, und er war eingetroffen. Am Ende kniete ich vor dem Fernseher. »Ich kann es nicht fassen. Es gibt dich also wirklich«, dachte ich. Der Fernseher lief immer noch, aber ich hatte den Ton abgestellt. Ich sah, wie der Quarterback interviewt wurde, und dann folgte eine Werbung für Guinness-Bier. Der Tumult in meinem Kopf hielt an. »Du hast so etwas Hunderte von Malen gesehen. Es war purer Zufall. Du machst dir etwas vor.« Der Zweifel schlich sich von Neuem ein. Nach dem Ende der Guinness-Werbung wurde der Bildschirm dunkel, und dann füllte ein einziges Wort den Bildschirm aus: »GLAUBE«. Ich lachte und weinte gleichzeitig, und seither bin ich nicht mehr derselbe.

»Ein gerahmtes Bild Christi«

PATRICIA FRYTERS, *Verwaltungsangestellte*

An jenem Nachmittag um fünf Uhr machte sich die Sonne früh zum Untergehen bereit. Ich saß in einer Eckbank in der katholischen Kirche meiner Gemeinde und verbrachte unmittelbar vor Ostern eine Stunde der Andacht mit Jesus.

Als ein Freund von mir aufstand, um zu gehen, folgte ich ihm mit den Augen durch die Bankreihen, bis mein Blick an einem gerahmten Bild Christi hängen blieb – es zeigte nur sein von der Dornenkrone umwundenes Haupt, das nach unten geneigt war. Blut rann aus der linken Schläfe, und sein Haupt ruhte auf zwei goldenen Streifen von Sonnenlicht. Ich schaute eine Weile hin und war von der Schönheit der Lichtstrahlen fasziniert.

Das Bild interessierte mich so sehr, dass ich beschloss, es beim Hinausgehen genauer zu betrachten. Ich ging an die Stelle, wo es hing, fand aber zu meiner großen Verwunderung nicht das Bild vor, das ich gesehen hatte, sondern eine große gerahmte Kreuzstickerei mit einem Opferlamm in einem Dornbusch. Ich fragte mich: »Wie ist das möglich?«

Erst als ich zu Hause war, ging mir die Botschaft auf: Christus hatte mir ein Wunder – eine direkte Botschaft – geschickt, um mir zu sagen, dass er das Lamm Gottes war.

Jeden Sonntag gehe ich an dem gerahmten Bild vorbei und lächle still in mich hinein.

»Vertrauen«

KATHY CAIRNS, *medizinische Assistentin*

Es war der Hochzeitsmorgen meines Sohnes. Die Trauung sollte bei uns draußen im Garten stattfinden, aber das Wetter spielte nicht mit. Es regnete so stark, dass das Zelt, das mein Mann mit Freunden aufzubauen versuchte, zusammensackte. Ich ging unter die Dusche und begann, zur Muttergottes zu beten. Ich flehte sie um ein Ende des Regens und Sonnenschein an.

Als ich aus der Dusche kam, fragte mich mein Mann, ob ich etwas auf die beschlagene Fensterscheibe an der Stirnseite des Badezimmers geschrieben hätte. Ich sagte: »Nein. Wieso?« Als wir beide gleichzeitig einen Blick auf die Scheibe warfen, entzifferten wir darauf Buchstaben, die das Wort »VERTRAUEN« ergaben.

Da wusste ich, dass alles gut werden würde, wenn ich mein Vertrauen auf Gott setzte. Im selben Augenblick überkam mich eine tiefe Ruhe.

Tatsächlich wendete sich alles zum Guten. Wir hielten die Hochzeit im Haus ab. Es war eine wunderschöne und bewegende Trauung, die für unsere Familie und unsere Freunde unvergesslich bleiben wird.

»Lass los, lass Gott machen«

SUSAN MOORE, *Tiersitterin*

In einer Heilungsgruppe, die in meiner Kirchengemeinde angeboten wurde, empfahl uns der Leiter, uns von allem, was uns bedrückte, zu befreien, indem wir uns vorstellten, dass wir ein Päckchen mit unseren Sorgen auf den Altar legten und Gott baten, es anzunehmen.

Ich beschloss, seine Empfehlung abzuwandeln. Ich schrieb die Namen jener Menschen auf, denen ich und die mir etwas zu vergeben hatten, all das Leid, das ich loswerden wollte, und alle Sünden, die mich quälten. Anschließend legte ich den Zettel in eine goldene Schachtel zusammen mit Fotos von meinem Ex-Ehemann und dem von uns gemeinsam gebauten Traumhaus, das ich bei der Scheidung ihm überlassen hatte. Dann brachte ich die Schachtel zu einer Kirche am Ort. Auf dem Hügel vor der Kirche stehen drei Kreuze. Ich stieg den Hügel hinauf und vergrub die Schachtel unter dem mittleren Kreuz. Bevor ich ging, legte ich meine Hand auf das Kreuz und bat Gott, meine Bürde von mir zu nehmen, da ich sie nicht allein bewältigen konnte. Auf dem Weg zurück zum Auto wiederholte ich ständig die Worte: »Lass los, lass Gott machen.«

Als ich mich auf halber Strecke umdrehte, sah ich, dass sich die Wolken über dem mittleren Kreuz geteilt hatten und Sonnenstrahlen direkt auf meine Opfergabe fielen. Es war für mich der ehrfurchtgebietendste Anblick meines Lebens.

In dem Augenblick, als ich das Auto erreichte und wahrnahm, dass sich die Wolkendecke wieder geschlossen hatte, wusste ich, dass Gott sich meiner Sorgen angenommen hatte, und zum ersten Mal seit sehr langer Zeit in meinem Leben empfand ich Frieden.

»Weinend betete ich für diese Menschen«

RHONDA GILLAM, *Freundin*

Meine beste Freundin, die australische Olympialäuferin Betty Cuthbert, hat im Laufe ihrer Karriere 16 Weltrekorde aufgestellt und als einzige Frau der Welt den 100-, 200- und 400-Meter-Lauf bei den Olympischen Spielen gewonnen.

Im November 2004 wurde Betty gebeten, sich für 45 notleidende Vietnamesen einzusetzen, die auf Christmas Island in Australien festgehalten wurden. Sie waren mit Booten aus Vietnam geflohen, nachdem ihre Regierung begonnen hatte, etliche von ihnen zu foltern und einzusperren, weil sie Broschüren für Demokratie und Religionsfreiheit verteilt hatten. Sie hatten es bis nach Australien geschafft und Asyl beantragt, aber ihr Antrag war abgelehnt worden. Als sie Betty um Hilfe baten, waren sie bereits seit drei Jahren interniert.

Betty, die an multipler Sklerose litt, war mittlerweile an den Rollstuhl gefesselt und mit Ausnahme einer Hand gelähmt. Doch als wir von diesen Menschen hörten, die voller Angst aus ihrem Land geflohen waren und immer noch keine Aufenthaltsgenehmigung besaßen, beschlossen wir, ihnen einen Besuch abzustatten.

Die Zustände waren ziemlich trostlos – Schmutz und abgeschirmte Besucherbereiche. Ein Stacheldrahtzaun umschloss das Gelände, und vor den Toren und drinnen waren Wachen postiert. Die Menschen – schöne, sanfte Menschen – schenkten uns, als wir kamen, das Einzige, was sie besaßen: selbst gezogenes Gemüse und Sonnenblumen.

Nach dem Besuch bei den Flüchtlingen machte unser Fahrer mit uns eine Inselrundfahrt. Er hielt vor einem großartigen Spielkasino, das aus politischen Gründen geschlossen worden war. Ich stieg aus, um spazieren zu gehen, und dachte dabei an die Menschen, die wir gerade besucht hatten. Ich musste unaufhörlich weinen, als ich mir die Flüchtlinge und die Bedingungen im Lager in Erinnerung rief. Hier ging ich in den verlassenen Gärten eines mehrere Millionen Dollar teuren Gebäudekomplexes spazieren und stellte mir vor, dass man diese Menschen freilassen und ihnen die Pflege der Gärten anvertrauen könnte.

Weinend fragte ich Gott: »Warum werden sie festgehalten, wenn sie sich um diese Anlage hier kümmern könnten?« Plötzlich – es lässt sich schwer in Worte fassen – war mir, als würde mich jemand nehmen und umdrehen, und ich machte vier Schritte in die Gegenrichtung. An einer Stelle, wo zwei Äste übereinanderlagen und ein vollkommenes Kreuz bildeten, blieb ich stehen. Da hörte ich in meinem Innern: »Rhonda, das Kreuz ist leer, aber ich bin bei euch beiden.«

Die Vietnamesen kamen zwölf Monate nach unserem Treffen frei. Bettys Besuch im Lager hatte das Interesse der Presse geweckt, und die daraus resultierende öffentliche Aufmerksamkeit trug zu ihrer Freilassung bei.

»G. O. T. T.«

BRIGITTE CARNEVALE, *Verwaltungsassistentin*

An diesem Morgen lief alles schief. Es schneite, und mir ging es nicht gut. Mein Mann klagte über heftige Schmerzen im Bein und konnte nicht laufen. Ich hatte das Gefühl, dass ich ihn ins Krankenhaus bringen sollte, aber er wollte zu Hause bleiben. Überdies kam ich schon zu spät zur Arbeit und musste vorher noch mein dreijähriges Kind in der Kinderkrippe abgeben. Alles hatte sich gegen mich verschworen.

Auf der Fahrt zur Arbeit redete ich in meiner Not laut mit Gott. Als ich an einer Kirche vorbeifuhr, sagte ich: »Kannst du nicht mal mit mir sprechen?« Ich wäre fast von der Fahrbahn abgekommen, als ich die perfekten Buchstaben sah, die über der Kirche am Himmel standen. Sie ergaben G. O. T. T.

Dieser Anblick war ebenso ergreifend wie tröstlich. Er sprach also tatsächlich mit mir.

»Ein wunderschönes Zeichen«

MICHELLE BIAGI, *Mutter*

Der Tag, an dem mein Vater beerdigt wurde, war düster und bedrückend. Auf dem Weg zur Trauerfeier sah ich einen Regenbogen, und da sagte ich: »Na gut, Dad, jetzt hast du den Krebs hinter dir und bist bei Gott, der uns dieses wunderbare Zeichen schickt, um uns mitzuteilen, dass es dir gut geht.« Und bei diesen Worten überkam mich ein Gefühl des Trostes. Aber ich war nicht die Einzige, die den Regenbogen tröstlich fand. Auch meinen Angehörigen und sogar dem Geistlichen war er nicht entgangen. In seiner Ansprache sagte er, mit dem Regenbogen schicke uns der Himmel ein Zeichen, dass mein Vater keine Schmerzen mehr habe und in Gottes liebevollen Armen geborgen sei. Von einer Freundin in Montana (wir wohnen in Ohio) erfuhren wir, dass sie am Tag der Beerdigung einen Regenbogen gesehen hatte, obwohl kein Wölkchen am Himmel gestanden hatte.

Während der ganzen Woche zeigte sich ein Regenbogen nach dem anderen am Himmel, und wenn ich seither Stress oder Schwierigkeiten habe, erscheint immer ein Regenbogen und versichert mir, dass mein Vater und Gott die Hand über mich halten.

Ich kann sehr viele Beispiele dafür anführen, und oft haben sie mit wichtigen Augenblicken in meinem Leben zu tun. Beim allerersten Essen zu Thanksgiving, das ich für meine Familie gab, sah ich einen Regenbogen, als ich draußen einen Truthahn grillte. Mir schien, als wollte mein Vater mir versichern, dass er bei mir war. Am Ostermorgen wölbte sich bei meinem Erwachen ein großartiger doppelter Regenbogen über den westlichen Himmel. Ich weckte meine Mutter, um ihn ihr zu zeigen, und wir begannen das Osterfest auf sehr besondere Weise. Auch als ich vor einiger Zeit eine sehr schwierige Woche mit meinem zweijährigen Kind durchmachte, sah ich einen wunderschönen Regenbogen.

Kürzlich erkrankte die Cousine meines Mannes bei einer Vietnamreise an der Vogelgrippe und starb tragischerweise. Ich dachte an sie und betete für ihre Angehörigen, da wurde mir bewusst, dass am Tag, an dem sie starb, ein Regenbogen am Himmel gestanden hatte. Mir kamen die Tränen angesichts der ehrfurchtgebietenden Macht Gottes und des Zeichens, mit dem er uns in Erinnerung ruft, dass er da ist und dass die Menschen, die wir lieben, bei ihm sind. Das alles empfinde ich als Zeichen. Ich bin davon überzeugt, dass es einen Himmel und ein Leben nach dem Tode gibt und dass ich meinen Vater eines Tages wiedersehen werde.

»Es war wie ein Ausrufezeichen von oben«

DAVE KREMNITZER, *Briefträger*

Ich hatte schon immer einen besonderen Bezug zu Zahlen. Der Juni 2002 war ein trauriger Monat. Jan, die beste Freundin meiner Frau, mit der ich ebenfalls gut befreundet war, erlitt einen Herzinfarkt und starb. Ich wurde gebeten, eine Ansprache zu ihrer Beerdigung zu halten, und dabei kam mir die Zahl drei in den Sinn.

Jans Beerdigung fand drei Tage nach ihrem Tod statt. Während meiner Ansprache erwähnte ich, dass sie am 3. Juni 2002 gestorben war. Ich rief schöne Erinnerungen an Hochzeiten, gemeinsame Ferien und besondere gemeinsame Erlebnisse wach. Jan hatte zwei wunderbare Familien, die jeweils aus drei Mitgliedern bestanden: Jan mit Mann und Sohn und Jan mit Bruder und Vater. Durch ihren Tod wurde aus jeder Dreier- eine Zweierkonstellation.

Am Ende der Ansprache schaute ich an den Himmel. Er war wolkenverhangen, mit Ausnahme eines blauen Flecks über meinem Kopf. Genau in diesem Augenblick teilte sich der Fleck und bildete die vollkommene Zahl Drei. Es war, als würde Gott direkt zu mir sprechen. Wenn ich irgendeinen Zweifel daran hegte, dass jemand da oben zuhörte, wurde er in diesem Augenblick zerstreut. Gott hatte mich nicht nur gehört, sondern mein Leben dauerhaft mit spiritueller Energie aufgeladen. Es war wie ein Ausrufezeichen von oben.

2

»Es sind nur gute Nachrichten«

Auf die Stimme hören

»Dreh dich um!«

LUIS MUNOZ, *Fernsehproduzent*

Einmal war ich in Texas in einer stürmischen Nacht gegen Viertel nach eins auf der Autobahn unterwegs. Ich kam von meiner Freundin und wollte nach Hause fahren. Als ich mein Radio lauter stellte, um wach zu bleiben, bemerkte ich einen schwarzen Lkw, der sich auf der Gegenfahrbahn näherte. Über die Leitplanke hinweg sah ich mit an, wie der Fahrer die Kontrolle über das Fahrzeug verlor und der Laster über die Fahrbahn schleuderte. Als er auf meiner Höhe war, krachte er heftig gegen die Leitplanke, und Glassplitter prasselten auf mein Auto.

Ein paar Meter weiter kam der Lkw schließlich zum Stehen, von Rauch umgeben. Ich fuhr so schnell und vorsichtig wie möglich zur nächsten Ausfahrt und drehte. Als ich nach ein paar Minuten den Unfallort erreichte und mein Auto auf der Standspur abstellte, waren bereits ein Mann und eine Frau da und kümmerten sich um den Fahrer. Es waren Rettungssanitäter außer Dienst. Der Fahrer war offensichtlich betrunken. Er roch nach Alkohol, und im Lastwagen lagen leere Bierdosen herum. Die Sanitäter versuchten, ihn zu wecken, während ich seine Hand hielt und auf ihn einsprach.

Wir waren etwa fünf Minuten am Unfallort, frierend und durchnässt, als ich zitternd vor Kälte beiseiteging, um etwas Abstand vom Geschehen zu gewinnen. Da hörte ich eine Stimme in meinem Innern sagen: »Dreh dich um!« Sie klang laut und unheimlich. Als ich mich umdrehte, sah ich, wie ein kleiner weißer Honda über die regennasse Fahrbahn schlitterte und mit hoher Geschwindigkeit auf uns zuraste. Mir blieb weniger als eine Sekunde, um den anderen eine Warnung zuzurufen und zur Seite zu springen. Während ich und die Sanitäter aus dem Weg sprangen, schleuderte der Honda gegen den Lkw, traf dabei den Fahrer und riss ihm beim Aufprall ein Bein ab.

Die Sanitäterin und ich landeten auf der anderen Seite der Fahrbahn und wären fast von den herankommenden Fahrzeugen überrollt worden. Der Sanitäter, der nicht imstande gewesen war, so weit zu springen, erlitt einen Schock und war kurz bewusstlos, blieb aber unverletzt. Keiner von beiden hatte etwas gehört, weder die Stimme noch das Auto. Sie schauten mich beide an und sagten: »Danke! Danke! Danke!«

Schaulustige, die nach dem ersten Unfall auf der Gegenfahrbahn gehalten hatten, schworen, dass sie das schleudernde Auto nicht hatten kommen sehen, und als es auffuhr, dachten sie, wir wären alle tot. Ein Jugendlicher, der Zeuge des Geschehens war, kam angelaufen und sagte zu mir: »Mann, wie sind Sie nur so schnell aus dem Weg gesprungen?«

Wir zitterten alle, verstört und dankbar. Keiner von uns verstand voll und ganz, was gerade passiert war. Eines wussten wir sicher: Etwas oder jemand hatte uns geholfen – daran gab es keinen Zweifel!

»Halt!«

KELLY NEWTON WORDSWORTH,
Sängerin und Liedermacherin

Seit meiner Kindheit in Australien suchte ich nach Gott. Ich hatte viele Workshops über persönliches Wachstum besucht und engagierte mich sehr in der New-Age-Bewegung. Als ich ein Buch von Eileen Caddy, einer der Begründerinnen der Findhorn Foundation, las, stolperte ich über einen Satz, der mein Leben veränderte: »Jesus sagte, wenn wir Gott gehorchen, können wir tun, was er tat, und sogar noch größere Dinge.«

Kaum hatte ich den Satz gelesen, stand ich auf und ging nach draußen an einen Ort, den ich das Tal der Feen nenne, schaute zum Himmel und sagte zu Gott: »Ich stelle mein ganzes Leben in deinen Dienst und will mich für dich auf dieser Erde einsetzen. Sag mir bitte, was ich tun soll.«

Am nächsten Tag ging ich im Busch joggen. Beim Laufen war ich in einem euphorischen Zustand, genoss die Schönheit der Natur um mich herum und sah das Funkeln des Sonnenlichts in den Bäumen. Da rief eine männliche Stimme aus dem Nichts heraus mit solchem Nachdruck »Halt!«, dass ich wie angewurzelt stehen blieb. Ich blickte mich nach der

Person um, die gerufen hatte, aber da war niemand. Dann schaute ich zu Boden. Wäre ich nicht exakt an dieser Stelle stehen geblieben, wäre ich geradewegs in eine zwei Meter lange hochgiftige Braunschlange hineingelaufen. Das hätte ich nicht überlebt.

Seltsamerweise verspürte ich keine Angst. Ich wusste, dass Gott mir das Leben gerettet hatte. Es gab ihn wirklich, und er hatte mich mit einer menschlichen Stimme gewarnt.

»Meg!«

MEG ROBINSON, *Lehrerin*

Als ich einmal spätnachts auf der Interstate in Vermont nach Hause fuhr, schlief ich allmählich am Steuer ein. Eine tiefe männliche Stimme hinter meiner rechten Schulter weckte mich. Sie rief mich nur streng bei meinem Vornamen: »Meg!« Sie kam mir bekannt vor, auch wenn ich nicht wusste, woher. Als mir klar wurde, was gerade geschehen war, fuhr ich an die Seite und kurbelte das Fenster herunter. Es war ein äußerst merkwürdiges Gefühl. Ich hatte den Eindruck, als hätte mich jemand ganz Vertrauter, der mich wirklich gut kannte, gerade vor einem Unfall bewahrt.

Es fällt mir immer noch schwer, an Gott zu glauben, aber die Erinnerung an diesen schlichten Vorfall tröstet mich.

»Streck dein Bein aus!«

RICHARD ABEL, *Inhaber einer Baufirma*

Die Sache ereignete sich 1975. Ich war 21 Jahre alt und deckte mit Kollegen in Hershey, Pennsylvania, ein zweistöckiges Haus ein, das vom Nachbargrundstück durch einen spitzen Eisenzaun getrennt war. Dazu brauchten wir eine Leiter. Wenn man eine Leiter an eine Hauswand stellt, sollte man auf einen ebenen, festen Untergrund achten. Doch der Zaun, der unmittelbar an das Haus grenzte, hinderte uns daran, die Leiter vorschriftsmäßig zu platzieren. Wir waren gezwungen, sie fast senkrecht zu stellen (erster Fehler) und so, dass nicht beide Leiterenden gleichmäßig stabil auf dem Boden standen (zweiter Fehler).

Den ganzen Tag lang kletterten wir die Leiter hinauf und hinunter, bis ich am Nachmittag zum letzten Mal hochstieg. Ich war fast auf der obersten Sprosse angelangt, als die Leiter plötzlich auf der einen Seite nachgab und zur Seite umschlug. Statt frontal stand sie nun seitlich zur Wand, während ich rückwärtskippte und in Todesangst die Leiter mit beiden Händen umklammerte.

Im Geiste stellte ich mir schon vor, wie ich von dem spitzen Zaun unter mir aufgespießt würde. Da befahl mir eine ruhige männliche Stimme in meinem Innern: »Streck dein Bein aus.« Als ich im selben Moment noch protestieren wollte, dass das Ausstrecken meines Beins meinen Sturz nur beschleunigen würde, forderte die Stimme mich laut wie ein strenger Vater auf: »Streck dein Bein aus!« Ich streckte mein Bein aus, fand Halt an der Seite des Hauses und hinderte die Leiter damit irgendwie am Kippen. Ich weiß nicht, wie, aber mit dem Bein an der Wand konnte ich den Fall lange genug hinauszögern, damit meine Kollegen mir zu Hilfe eilen konnten.

Diese Erfahrung kann mir keiner nehmen. Ich bin jetzt 52 Jahre alt, verheiratet, habe zwei Kinder und eine ausgeprägte Höhenangst. Bis auf den heutigen Tag kann ich mir nicht erklären, wieso die Leiter nicht wegrutschte und was mich vor dem sicheren Tod bewahrt hat. Ich glaube, dass die laute, eindringliche Stimme mein Schutzengel war und dass Gott eingegriffen hat, weil meine Zeit noch nicht gekommen war, denn er hatte noch andere Pläne für mich. Ich danke ihm täglich für meine Frau (die ich kurz danach kennenlernte) und meine beiden Kinder, die ich ohne ihn nie gehabt hätte.

»Alles wird gut«

KERRI SCHUH, *Buchhalterin*

Bei der Geburt meiner Tochter vor zwanzig Jahren bekam ich starke Blutungen und verlor das Bewusstsein. Als ich wieder zu mir kam, lag ich auf der Wachstation. Mein Mann saß neben mir in einem Schaukelstuhl und hielt unsere neugeborene Tochter im Arm. Als er sie mir in die Arme legte, bat ich ihn gleich, sie wieder zu nehmen, denn ich spürte, dass ich kurz davor stand, erneut das Bewusstsein zu verlieren.

Dieses Mal hatte ich das eindringliche Gefühl, dass Gott bei mir war und mir versicherte, ich brauchte keine Angst zu haben, denn alles würde gut werden. Ich würde nicht sterben, man müsse mir nur die Gebärmutter herausnehmen. Dann verschwand das Gefühl seiner Gegenwart.

Ich verlor immer wieder das Bewusstsein, während die Ärzte und Schwestern sich um mich kümmerten. Ich wollte ihnen sagen, dass sie mir die Gebärmutter entfernen müssten, aber ich brachte kein Wort heraus. Schließlich kam mein Arzt ans Bett und eröffnete mir, dass man mir die Gebärmutter herausnehmen würde. Ich flüsterte: »Ja, ich weiß. Machen Sie schnell.«

Wenn ich anderen Menschen von meinem Erlebnis erzähle, habe ich den Eindruck, dass sie es für einen Traum halten, auch wenn sie das nicht laut sagen. Doch ich bin fest davon überzeugt, dass Gott wirklich zu mir gesprochen hat. Ich erinnere mich deutlich daran, dass er mir sagte, was geschehen würde, und auch, dass ich versuchte, den Ärzten klarzumachen, dass sie mir die Gebärmutter entfernen müssten.

»Runter vom Gas!«

KATHY SHIELDS, *Managerin von Ferienhäusern*

Ich habe immer an Gott geglaubt, doch irgendwann in meinem Leben fand ich, dass ich nicht mehr zur Kirche zu gehen brauchte. Ich war der Ansicht, dass ich auch ohne Gottes Hilfe eine gute Ehefrau und Mutter sein könnte – bis etwas geschah, das mich zum Umdenken bewog.

Eines Tages fragte mich mein Sohn: »Mami, darf Mark heute nach der Schule zum Spielen zu uns kommen?« Spontan antwortete ich: »Weißt du, Alex, jemanden zum Spielen einzuladen ist eine große Verantwortung.« Ich traute meinen eigenen Ohren nicht. Warum hatte ich so etwas gesagt? Es freute mich, wenn die Freunde meines Sohnes zum Spielen kamen. Er fragte noch einmal: »Mami, darf Mark denn kommen?« Dieses Mal sagte ich: »Natürlich darf Mark zum Spielen kommen.« Dann fragte er: »Mami, fährst du Mark anschließend nach Hause?« Wieder antwortete ich spontan: »Weißt du, Alex, Kinder nach einem Besuch nach Hause zu fahren ist eine große Verantwortung.« Ich war einen Augenblick lang entgeistert. Frustriert von meiner eigenen Antwort, nahm ich mich zusammen und sagte: »Natürlich tue ich das.«

Mark und Alex spielten an diesem Nachmittag prächtig miteinander. Als es an der Zeit war, Mark nach Hause zu fahren, zögerte ich und überlegte, ob ich meine Kinder allein lassen sollte, während ich Mark nach Hause brachte. Es war ein absurder Gedanke, einer, der mir vorher noch nie gekommen war. Schließlich packte ich sie alle drei ins Auto.

Als ich auf die Hauptstraße eingebogen war, brüllte eine Stimme, die Stimme, die den ganzen Tag zu mir gesprochen hatte: »Runter vom Gas!« Ich nahm sogleich den Fuß vom Gas und schaute nach vorn. Zwei Autos, die nebeneinander herfuhren und sich ein Rennen lieferten, rasten den Hügel herunter auf uns zu. Wenn ich nach links auswich, wären wir vier sofort tot, wenn ich nach rechts auswich, hätten wir vielleicht eine Chance. Also riss ich das Steuer nach rechts, und wir landeten, ich weiß nicht wie, auf der Grasnarbe zwischen einem Telefonmast und einem Schild und entgingen knapp einem Zusammenstoß mit den rasenden Autos.

Noch viele Monate nach dem Beinahe-Unfall stand ich vor einem Rätsel. Immer wieder ging ich an den Ort des Geschehens, spielte in Gedanken die Szene durch und spulte das, was geschehen war, von dem Augenblick an ab, als ich die Autos kommen sah. Woher hatte ich gewusst, dass ich in Gefahr war? Wie war ich mit dem Auto heil auf die Grasnarbe gelangt? Und dann die rätselhafteste Frage: Wie hatte ich die Autos früh genug kommen sehen, um noch ausweichen zu können? Das war im Grunde unmöglich, denn die Straße machte an der Stelle eine S-Kurve. Wenn ich keine Vorwarnung erhalten hätte, wären wir frontal zusammengestoßen.

Ich glaube, dass ich meine Rettung damals Gott zu verdanken habe. Es war seine Art, mir mitzuteilen: »Ich brauche dich noch hier und möchte, dass du mir vertraust und weißt, dass ich immer bei dir bin.«

»Spring nicht!«

TRISH BARFIELD, *Immobilienmaklerin i. R.*

Als ich jung war, kaufte ich mir selten eine Fahrkarte, weil ich mein hart verdientes Geld lieber für Süßigkeiten und andere Genüsse ausgab. Eines Sonntags fuhr ich mit dem Zug ans Meer, wo ich mich mit meinem Freund treffen wollte, als ich sah, wie sich der Kontrolleur meinem Waggon näherte. Aufgeschreckt erhob ich mich, um beim Einlaufen des Zuges in den Bahnhof auf der Gegenseite auf die Gleise zu springen – etwas, was ich des Öfteren tat.

Außer mir saß niemand im Waggon. Als der Zug abbremste und ich im Begriff war, hinauszuspringen, hörte ich eine männliche Stimme, die laut sagte: »Spring nicht!« Ich drehte mich um in der Erwartung, den Kontrolleur zu sehen, aber es war niemand da. Im selben Augenblick donnerte ein Güterzug heran. Wäre ich gesprungen, hätte er mich voll erfasst.

Ich weiß, dass in diesem Augenblick Gott seine Hand schützend über mich gehalten hat. Ich bin nicht religiös. Ich betrachte »Gott« als Teil des Alltags. Ich muss nicht beten oder religiös sein, um mir dieser Seite des Lebens bewusst zu sein. Allem Anschein nach sollte ich damals noch nicht sterben, und ich werde diese Warnung nie vergessen.

»Gott gab mir eine List ein«

SHIRLEY BLAKE, *Lehrerin*

Ich war 59 Jahre und lebte allein. Eines Tages gab ich gerade zwei kleinen Jungen aus armen Familien Privatunterricht, als ein Mann an meine Tür kam und sich nach ihnen erkundigte. Sobald die Jungen ihn sahen, liefen sie schnurstracks zum Hinterausgang und nahmen Reißaus.

Ich verstand nicht, warum sie solche Angst hatten, bis ich mich umwandte und der Mann mir einen Schlag versetzte. Als ich rief: »Gott, steh mir bei«, schlug er wieder zu. Jedes Mal, wenn ich nach Gott rief, schlug er mich. Dann vergewaltigte er mich. Ich flehte Gott um Beistand an, während er sich meines Körpers bemächtigte und ich das Gefühl hatte, vom Bösen übermannt zu werden. Plötzlich spürte ich die beruhigende Gegenwart Gottes, der mir riet, mich still zu verhalten. Ich wusste, dass Gott mir nichts zumuten würde, womit ich nicht umgehen könnte, und ein Gefühl der Ruhe überkam mich.

Mehrere Stunden lang vergewaltigte der Mann mich wiederholt und brutal. Dann zwang er mich, ihm ein Abendessen zu machen. Nach dem Abendessen verfrachtete er mich in mein Schlafzimmer und begann von Neuem, mich auf unsäglich schreckliche Weise zu vergewaltigen. Trotz des Horrors, dem ich sieben Stunden lang ausgesetzt war, spürte ich die ganze Zeit die beruhigende Gegenwart Gottes und seinen Frieden. Schließlich gab Gott mir eine List ein. Es gab keinen anderen Ausweg. Ich sagte zu dem Mann: »Sehen wir uns morgen wieder?« Er zögerte kurz, überdachte meinen Vorschlag und erwiderte dann: »Okay, ich komme zum Hintereingang.« Die Vergewaltigung hatte ein Ende. Er zog sich an, drohte mir, mich umzubringen, falls ich das Haus verlassen sollte, und ging. Ich lief sofort zu einer Freundin und ließ mich ins Krankenhaus bringen.

Der Polizistin, die mich im Krankenhaus vernahm, erklärte ich, dass ich Anzeige erstatten wolle. Als ich den Mann und ein auffälliges Brandmal beschrieb, das er auf der Brust hatte, wusste die Polizei sofort, um wen es sich handelte. Er hatte seit seinem zwölften Lebensjahr Frauen geschlagen und vergewaltigt, aber da er ihnen immer damit gedroht hatte, sie umzubringen, hatte niemand ihn angezeigt. Jahrelang hatte er das gesamte Gemeinwesen terrorisiert.

Am nächsten Tag besuchte mich ein kleiner Junge, den ich kannte, und erzählte mir, dass er von einem Mann missbraucht worden war, aber es niemandem gesagt hatte. Während ich langsam wieder zu Kräften kam, bekam ich weiteren Besuch von Frauen und Mädchen. Sie waren alle vergewaltigt worden und wollten wissen, woher ich die Kraft genommen hatte, es zu überstehen. Ich sagte ihnen, Gott habe mir geholfen.

Der Täter bekam eine zehnjährige Haftstrafe. Ich bin dankbar, dass mein Erlebnis ihn daran hinderte, weiteren Menschen Gewalt anzutun.

»Warum ich?«

DIANNE MOORE, *pensionierte Steuerberaterin*

Obwohl ich Mitglied der Heilsarmee war, zweifelte ich insgeheim immer an der Existenz Gottes. Da eröffneten mir die Ärzte am 20. September 1982, dass ich an einer Netzhautablösung litt und vermutlich innerhalb von zwölf Monaten erblinden würde. Ich war am Boden zerstört und dachte sogar an Selbstmord.

Ein paar Tage nach der Diagnose war ich beim Staubsaugen und haderte mit Gott. »Warum ich?«, fragte ich. »Wozu habe ich einen überdurchschnittlichen IQ, wenn er nutzlos wird, weil ich mein Augenlicht verliere?« Im selben Augenblick sagte eine Stimme: »Du Dummkopf! Genau diese Intelligenz wird dir helfen, damit klarzukommen.« Das waren exakt die Worte, die ich hörte. Ich konnte es nicht fassen. Ich schaute mich um, aber ich war allein.

In diesem Augenblick verschwanden all mein Ärger und mein Groll. Ich kam zur Ruhe, versuchte, mir keine Sorgen mehr um meine Augen zu machen, und lebte mein Leben einfach weiter.

Das war vor 24 Jahren, und kürzlich habe ich den Sehtest für meinen Führerschein ohne Brille bestanden! Ich leide immer noch unter einer Netzhautdystrophie oder einer Makula-Degeneration, wie man es heutzutage nennt, aber sie schreitet so langsam fort, dass ich vermutlich die Erblindung nicht mehr erleben werde. Ich hätte 1982 vielleicht Selbstmord begangen, wenn die Stimme mir nicht Mut gemacht hätte, mich auf die Zukunft einzulassen, wie auch immer sie aussehen würde.

»Für wen hältst du dich?«

MANDY JONES, *Angestellte bei der Fahrgastinformation*

Meine Oma litt seit vielen Jahren an einer Demenz, die mit jedem Jahr schlimmer wurde. Ich verstand nicht, welchen Sinn es hatte, dass sie in diesem Zustand so lange leben musste, wo ihr doch jede Lebensqualität fehlte.

Eines Tages saß ich draußen vor der Tür und war eine ganze Weile tief in Gedanken versunken. Ich wünschte mir, dass sie sterben und von ihrem, wie ich fand, elenden Los befreit würde.

Schließlich stand ich auf, um hineinzugehen. Ich hatte kaum zwei Schritte durch die Tür gemacht, als eine tiefe, dröhnende Stimme zu mir sagte: »Für wen hältst du dich, dass du meinst, entscheiden zu können, wann jemand leben oder sterben sollte?«

Ich blieb abrupt stehen und schaute mich um. Ich rechnete nicht wirklich damit, jemanden zu sehen, aber mir fiel nichts Besseres ein. Es war niemand da, und ich begriff, dass es Gott selbst war, der mir die Leviten gelesen hatte. Während des restlichen Tages war ich sehr kleinlaut.

Das ist das einzige Mal, dass ich seine Stimme hörte, und sie hinterließ bei mir einen tiefen Eindruck.

»Nein!«

MICHELLE ROBINSON, *Inhaberin eines Friseursalons*

Ich steckte tief in einer Krise. Ich hatte mich gerade nach einer sechsjährigen Beziehung von meinem Freund getrennt und eine eigene Wohnung bezogen. Mir fiel es schwer, Entscheidungen zu treffen, und ich war sehr traurig und verwirrt. Eines Abends tauchte mein Exfreund in meiner neuen Wohnung auf und sagte, wir hätten beide einen Fehler gemacht und uns nicht genug um eine Lösung bemüht. Er bat mich, es noch einmal mit ihm zu versuchen.

Nachdem er gegangen war, machte ich einen Spaziergang. Ich wusste absolut nicht, was ich tun sollte. Ich spürte, dass ich nicht bereit war, selbst eine Entscheidung zu treffen. Verzweifelt rief ich aus: »Hilf mir. Ich weiß nicht, was ich machen soll. Soll ich wieder zu ihm zurückkehren?« Prompt und scheinbar aus dem Nichts kam ein lautes, klares und gebieterisches: »Nein!«

Ich blickte mich um, obwohl ich instinktiv wusste, dass es keine menschliche Stimme war.

Das werde ich nie vergessen. Niemand war bei mir oder in meiner Nähe, und dennoch hätte die Antwort nicht klarer sein können. Es war eine Führung von oben, und ich fühlte mich von ihr getröstet. Ich kann nicht erklären, warum. Es machte mir ein wenig Angst, aber gleichzeitig war mir auf der Stelle klar, wer es war. Ich weiß inzwischen, dass ich nicht um Führung bitten muss, weil ich sie immer erhalte.

»Wechsle die Spur!«

LEA MULQUEEN, *Fotografin und Tiersitterin*

Ich hatte gerade meine Tochter zu einem Seminar an der Universität von Baltimore gebracht und fuhr um zehn Uhr morgens auf der Interstate 83 nach Hause. Es herrschte wenig Verkehr, und ich hatte die ganze linke Spur weit und breit für mich allein. Plötzlich forderte mich eine Stimme auf: »Wechsle die Spur!« Ich schaute auf den Beifahrersitz, aber da war niemand. Ein paar Sekunden später hörte ich wieder: »Wechsle die Spur!« Dieses Mal fragte ich: »Wieso denn?« Prompt befahl die Stimme: »Wechsle *sofort* die Spur!« Jetzt zögerte ich nicht mehr und fuhr nach rechts. Ein paar Sekunden später kam mir auf der linken Spur ein Falschfahrer entgegen.

Ohne die Stimme wäre ich mit Tempo hundert mit dem entgegenkommenden Auto zusammengestoßen. Der Falschfahrer wurde von einem Polizeiwagen verfolgt. Später erfuhr ich, dass der Mann mit einem gestohlenen Auto über eine Ausfahrt in falscher Richtung auf die Autobahn gefahren war, um der Polizei zu entkommen.

»Wer bin ich?«

KAREN SCHMA,
Verkaufsvertreterin in einer Textilleasingfirma

Im Jahre 1985 stand ich an einem Scheideweg. Nach einem Nervenzusammenbruch kündigte ich meinen einträglichen und sicheren Job, weil ich mich selbst nicht mehr ertrug. Ich war eine sexuelle Beziehung zu meinem verheirateten Chef eingegangen, um mir sein Wohlwollen zu erkaufen und meine Stelle bei einem der größten Autobauer der Welt zu sichern. Nachdem ich begriffen hatte, dass ich dabei meine ganze Moral geopfert hatte, zog ich zu meinen Eltern zurück und brach emotional zusammen.

Zur selben Zeit erfuhr ich, dass ich Zysten am Eierstock hatte und operiert werden musste. Nach der Operation bat mich mein Gynäkologe in sein Sprechzimmer. »Wissen Sie, wer ich bin?«, fragte er. »Sie sind mein Arzt«, antwortete ich sachlich. Aber plötzlich war es mir, als würde die Zeit stehen bleiben und alles gefrieren, während eine laute und kraftvolle Stimme an mein Ohr drang und fragte: »Wer bin ich?«, und dann noch einmal: »Wer bin ich?« Es war eine tiefe männliche Stimme, und es schien, als spräche sie durch ihn.

Nach allem, was ich hinter mir hatte, wusste ich, dass eine

höhere Macht zu mir sprach. »Gott!«, antwortete ich. »Du bist Gott, mein Vater.« Sofort wurde ich von einem strahlend weißen Licht eingehüllt. Während der Mann meine Sünden aufführte, hörte ich zu und fühlte mich elend und beschämt. Dann folgten Dinge, die mir Mut machten. Er sagte, ich sei ein guter Mensch und mache andere glücklich. Er versprach mir auch, dass ich eines Tages belohnt würde. Er rief mir in Erinnerung, dass meine Eltern und Verwandten mich liebten und dass alles wieder gut werden würde. Schließlich verkündete er mir, dass der letzte Teil meines Lebens der leichteste sein würde.

Ich habe immer Schweigen über diese Geschichte bewahrt, weil ich dachte, dass niemand mir Glauben schenken würde. Nach diesem merkwürdigen Erlebnis empfand ich totale Liebe und hatte vor nichts mehr Angst. Jetzt weiß ich, dass es Gott gibt und dass er über mich wacht.

»Geh zurück ins Auto!«

MELINDA KOPP, *Lehrerin*

Ich war 18 Jahre alt und ging 1984 im ersten Jahr aufs College. Ich hatte mich für die Sommeruniversität eingeschrieben und nahm den örtlichen Highway, um zu meinen abendlichen Seminaren und wieder zurückzufahren. Die Straße war um diese Uhrzeit nicht sehr stark befahren, und selbstverständlich gab es damals noch keine Handys.

Als wir eines Abends einen Test geschrieben hatten, entließ uns der Dozent eine Stunde früher. Niemand zu Hause rechnete um diese Uhrzeit mit mir, und ich freute mich schon auf die Gesichter, wenn ich bereits zum Abendessen zu Hause sein würde. Es war gegen acht Uhr abends. Die Sonne war bereits untergegangen, und es dämmerte. Ungefähr zwanzig Kilometer von zu Hause entfernt hatte ich eine Reifenpanne. Als ich den Kofferraum aufmachte, stellte ich fest, dass das Reserverad eine andere Felge hatte und die Radmuttern nicht passten. Ein Wagenheber war auch nicht da.

Da ich nicht weit von einer Kreuzung liegen geblieben war und etwa drei Kilometer von ihr entfernt ein Verwandter wohnte, stieg ich aus dem Auto und machte mich in der Dämmerung auf den Weg zur Kreuzung. Plötzlich befahl mir eine männliche Stimme: »Melinda, geh zurück ins Auto. *Sofort!*« Ich blieb stehen und schaute mich nach demjenigen um, der mit mir gesprochen hatte, aber da war niemand. Ich dachte: »Spricht etwa Gott zu mir?«, und fragte: »Herr, bist du das?« Wieder befahl mir die Stimme: »Geh zurück ins Auto!« Ich zweifelte nun nicht mehr daran, dass es sich um Gott handelte, und begriff, dass irgendetwas im Gange war. Gehorsam setzte ich mich wieder ins Auto.

Plötzlich brach die Dunkelheit herein, und ich wurde allmählich nervös.

Ich saß im Auto und sagte: »Und nun?« Im selben Augenblick sah ich die Scheinwerfer eines entgegenkommenden Fahrzeugs. Aber irgendetwas zwang mich, mich ruhig zu verhalten und das Auto vorbeifahren zu lassen. Ein paar Minuten später näherte sich ein weiteres Auto. Nun sagte die Stimme: »Betätige die Lichthupe.« Das tat ich, und das Auto hielt an. Es war ein Freund der Familie.

Ich bin fest davon überzeugt, dass die Stimme, die ich hörte, Gottes Stimme war. Er beschützte mich an jenem Abend. Wer weiß, was passiert wäre, wenn ich weiter zu Fuß gegangen wäre und das erste Auto angehalten hätte!

Heutzutage habe ich eine sehr persönliche Beziehung zu Gott. Ich bin in meiner Kirchengemeinde für Musik und Jugendarbeit zuständig. Ich glaube, dass ich diese Arbeit tun sollte und durch Gottes Gnade verschont wurde.

»Steig aus!«

ARMANDO DEANGELIS, *pensionierter FBI-Agent*

Spät am Nachmittag des 3. Dezember 1967 war ich mit meinen zwei Freunden Robert »Siggy« Signorelli und Billy Ward im Auto unterwegs. Siggy und ich wohnten in Medford, Massachusetts, während Billy aus Somerville, der nächstgelegenen Stadt, kam. Wir alle waren damals erst zwanzig.

Kurz vor der Ecke Harvard und Main Street in Medford, wo wir uns oft mit anderen trafen, hörte ich Gottes Stimme. Es war eine deutlich hörbare Stimme. Er sagte: »Butch [so lautet mein Spitzname], steig aus!« Billy fuhr, und ich bat ihn, mich an der Ecke herauszulassen. Sie setzten mich ab und fuhren weiter.

Um elf Uhr abends erhielt ich zu Hause einen Anruf von meinem besten Freund Tony, der mir mitteilte, dass Siggy und Billy auf der Straße zwischen Medford und Somerville mit dem Auto verunglückt waren. Siggy starb noch in der Nacht, Billy am nächsten Tag.

Da fiel ich auf die Knie und rief: »Danke, dass du mich verschont hast.« Dieses Erlebnis hat meinen Glauben an Gott gestärkt.

»Kehr um und hilf dem Mann!«

MIKE HILTON, *Großhändler*

Vor einigen Jahren musste ich eine Klimaanlage zu Demonstrationszwecken aus der Großstadt, in der ich wohne, in eine kleinere Stadt drei Stunden weiter nördlich bringen. Da ich keinen eigenen Anhänger besaß, borgte ich mir einen alten Anhänger von Pastor Stan, einem Geistlichen aus meiner Kirchengemeinde.

Mit voll beladenem Anhänger fuhr ich los. Doch schon nach einer Stunde ging ein Reifen am Anhänger kaputt, und das an einer Stelle, wo sich die Straße kilometerweit ohne Häuser hinzog. Es gelang mir, das Auto zum Stehen zu bringen, ohne dass der Anhänger ins Schlingern geriet.

Ich lud den Kofferraum aus, um an meinen Wagenheber und den Schraubenschlüssel heranzukommen, musste jedoch feststellen, dass die Räder meines Autos eine Nummer größer waren als die des alten Anhängers. Der Schraubenschlüssel passte allerdings nur schlecht auf die Radmuttern des Anhängers.

Dennoch gelang es mir letztendlich irgendwie, alle Muttern zu lösen, bis auf eine, die aus einem unerfindlichen Grund etwas kleiner als die übrigen war. Wie sehr ich mich auch bemühte, ich konnte diese letzte Schraube nicht losbekommen. Autos fuhren vorbei, und niemand hielt an.

Schließlich flitzte ein Kombi an mir vorbei, und da fiel mir Pastor Stan ein. Er hatte mich gelehrt, beim Beten laut zu sprechen. Also stellte ich mich hin, hob die Hände und sagte laut: »Gott, ich bin in Not und brauche deine Hilfe.«

Innerhalb weniger Minuten tauchte der Kombi wieder auf. Ein junger Mann stieg aus und sagte: »Oje, mir scheint, dass Sie Scherereien haben.« Als ich ihm mein Problem schilderte, erwiderte er: »Keine Sorge. Ich glaube, dass ich Ihnen helfen kann.« Er holte einen Schlüsselsatz aus seinem Wagen, und wir fanden einen passenden Schlüssel für die letzte Radmutter.

Nachdem wir das Rad abgenommen hatten, erkundigte er sich, was ich nun machen wollte. Ich erklärte ihm, dass ich den Anhänger abkoppeln und mit dem defekten Reifen in die nächste Stadt fahren würde, um ihn dort reparieren zu lassen. »Und wie wollen Sie das Rad wieder festmachen?«, fragte er. Ich erwiderte, dass ich mir, solange der Reifen in der Werkstatt war, einen neuen Schlüssel besorgen würde. Als ich seine Frage, ob ich wieder in die Großstadt zurückfahren würde, bejahte, sagte er: »Kaufen Sie sich keinen neuen Schlüssel. Hier ist meine Adresse. Bringen Sie den Schlüssel auf dem Rückweg bei mir vorbei.«

Ich dankte ihm überschwänglich, als er ging. Bevor er sich ins Auto setzte, drehte er sich um und sagte: »Wissen Sie, mir ist etwas Komisches passiert, als ich an Ihnen vorbeifuhr. Eine Stimme sagte zu mir: ›Halt an. Kehr um und hilf dem Mann!‹«

Ich vermute, er hörte die Stimme etwa zur selben Zeit, als ich laut betete: »Herr, ich bin in Not und ich brauche deine Hilfe.«

»Es sind nur gute Nachrichten«

LINDSAY NEWLAND BOWKER,
Vermieterin von Ferienwohnungen

Am letzten Lebenstag meiner Mutter gab es mittags eine kurze Unterbrechung im Strom der Besucher, die kamen, um sie in ihren letzten Stunden zu begleiten und zu trösten. Sie war sehr schwach und hatte das Tablett mit dem wenig einladenden Krankenhausessen weggedreht. Sie freute sich, dass ich ihr ein paar filetierte Orangenstücke mitgebracht hatte, die erfrischend und leicht zu essen waren. Nach dem ersten Bissen sagte sie: »Es ist ganz merkwürdig. Auch wenn ich schon tot bin, kann ich immer noch die Orange schmecken. Es ist kein normaler Geschmack, es ist nicht wie vorher. Ich weiß, dass ich physisch hier bei dir bin – wir können uns gegenseitig anfassen und hören –, aber es ist anders als vorher. Es ist merkwürdig. Ich bin schon tot.«

Ich wusste nicht, was ich darauf erwidern sollte oder was sie meinte, und schwieg. Als sie ihre Orange, so weit es ihr möglich war, aufgegessen hatte, fragte sie: »Was weißt du darüber? Was bedeutet das? Ich weiß, dass ich tot bin, und dennoch bin ich hier. Wie ist das möglich?« Wieder hatte ich keine Ahnung, was ich erwidern sollte.

Sie lag eine Weile still, und dann bewegte sie sich wieder. Wir waren allein. Ich lächelte, und sie lächelte zurück – strahlend und schön, ohne Angst und voller Anmut. Ich sagte: »Mom, denk daran, wenn ich dich nicht mehr sehe, dann rechne ich fest damit, dass du hier bist – auf meiner Schulter. Denk daran, du hast mir versprochen, als mein Schutzengel zurückzukehren.«

»Oh«, erwiderte sie, »ich habe vergessen, es dir auszurichten. Sie haben gesagt, dass das nicht geht. Sie haben gesagt, es ist schon jemand bei dir, der immer da gewesen ist. Ich werde auf irgendeine Art erfahren, wie es dir geht, ob du glücklich oder traurig bist, und wissen, was mit dir los ist. Aber sie haben eine andere Aufgabe für mich, und ich muss tun, was man von mir verlangt.« Wieder schwieg ich, und sie sagte nichts weiter dazu.

Als meine Schwester mit ihrer Familie zurückkehrte, füllte sich das Zimmer mit Menschen. Meine Mutter sprach mit jedem der Anwesenden voller Weisheit und Güte. Nach einer Weile legten meine Schwester und ich unsere Köpfe an den ihren und küssten sie gleichzeitig. Sie sagte: »Es tut mir leid, dass ich heute gestorben bin.« Wir beide antworteten: »Wir werden dich sehr vermissen und lieben dich so sehr.«

Meine Mutter fiel rasch in einen Schlaf, aus dem sie nicht mehr erwachte.

Als ich in jener Woche die Traueransprache vorbereitete, blieb ich immer wieder stecken. Ich wollte die richtigen Worte finden, um meine Schwester und ihre Kinder zu trösten. Ich bat Gott, meine Mutter oder irgendjemanden, der mich hören würde, mir zu sagen, ob sie bereits tot war, als wir sahen, wie ihr Körper kurz vor dem Tod nach Luft rang, oder ob sie gelitten und die Qual, die wir mit angesehen hatten, empfunden hatte. In der Nacht weckte mich eine laute Stimme, die nicht die meiner Mutter war, aus dem Schlaf. Es war wie eine telepathische Stimme in meinem Innern, nicht im Zimmer, und sie sagte: »Zur rechten Zeit werden all deine Fragen beantwortet. Aber mach dir keine Sorgen; es sind nur gute Nachrichten.«

Dieses Erlebnis gab mir Auftrieb. Es stärkte meine Gewissheit, dass es ein Leben nach dem Tode und einen gütigen Gott gibt, der alle Lebewesen leitet, schützt und erhält. Ich glaube, das Leben besteht aus verschiedenen Abschnitten und Seinszuständen, von denen das irdische Leben nur einer ist. Wenn ich jetzt im Evangelium die Geschichte von Lazarus oder die von Christus höre, der von den Toten auferstanden ist und seinen Jüngern nach dem Tod erschien, gibt es kein Geheimnis des Glaubens mehr. Ich weiß, dass es ganz gewöhnlichen Menschen überall auf der Welt widerfährt, jeden Tag. Meiner Mutter ist es widerfahren, und ich war Zeugin. Sie war tot, aber in ihrem Körper gegenwärtig. Jetzt weiß ich auch, dass Gott uns erhört und uns die Antworten gibt, die wir brauchen, um uns von der Verwirrung in unserem Kopf zu befreien.

»Willst du sie?«

TOM DORNAN, *Pastor*

Vor zwanzig Jahren stand ich vor den Trümmern einer sehr schwierigen 15-jährigen Ehe. Ich hatte vier Kinder und war verzweifelt über das Unglück, das über uns hereingebrochen war. Eheberatungen waren fruchtlos und Gebete unerhört geblieben. In dem Bemühen, ein wenig Frieden zu finden, zog ich zu meiner Mutter, beantragte die Annullierung der Ehe bei der katholischen Kirche und leitete mithilfe von Rechtsanwälten die Scheidung ein.

In dieser Zeit sah ich keinen Hoffnungsschimmer. Ich betete darum, dass Gott mich lieber sterben lassen sollte, als dass ich ein Leben der Schande lebte. Niemand in meiner Familie hatte sich je scheiden lassen. Die tagtäglichen Anforderungen, denen ich als Vater, Berufstätiger und Sohn gerecht werden musste, begannen ihren Tribut zu fordern. Ich brauchte Abstand von meinen Beziehungen und meinem Leben. Ich brauchte Erholung!

Sie kam ganz unerwartet. Als man mir vorschlug, mit einigen Kollegen an einer Konferenz im Mittleren Westen teilzunehmen (ich lebte in Boston), willigte ich ein. Es tat mir gut, tagsüber Seminare zu besuchen und mich nachts auszuruhen. Ich dachte: »Vielleicht ist ein Leben ohne Frau am schmerzlosesten für mich.« Da offenbarte Gott mir seinen Plan während eines Volleyballspiels.

Am vierten Tag der sechstägigen Konferenz wurde das Vollleyballnetz aufgebaut. Ich konnte mich nicht damit rühmen, ein großer Volleyballspieler zu sein, weil mir die Zeit zum Üben fehlte. Aber da ich dabei war, mich von der Hektik auszuruhen, beschloss ich, mitzuspielen. Als wir im Laufe des Spiels die Plätze wechselten und ich irgendwann vorn mittig am Netz stand, sah ich direkt mir gegenüber eine junge Frau. Da geschah der Gottesmoment. Eine Stimme tief in meinem Innern, die ich nur als die Stimme Gottes bezeichnen kann, sagte: »Die Frau dir gegenüber ist deine zukünftige große Liebe. Willst du sie?« Während ich sie musterte, erwiderte meine Seele: »Ja, Herr, aber wie soll das gehen?« Die Antwort lautete: »Ich werde alles in die Wege leiten – hab nur Vertrauen!«

Während ich mein »Gespräch mit Gott« führte, rührte ich mich nicht vom Fleck und die Frau mir gegenüber auch nicht. Ich merkte zwar, dass die anderen um uns herum die Plätze wechselten, aber ich hatte das Zeitgefühl verloren. Kurz nachdem die »Stimme« gesprochen hatte, war das Spiel vorbei. Seitlich am Netz traf ich auf die junge Frau, die mir gerade »auf himmlischem Wege« vorgestellt worden war. Sie hieß Dawn. Sie war jünger als ich, alleinstehend, unverheiratet und Protestantin. Ich war ein gescheiterter Katholik, der im Begriff war, sich scheiden zu lassen, und vier Kinder hatte. Zwei Tage, nachdem wir unsere Adressen ausgetauscht hatten, flog ich nach Hause.

In den folgenden sechs Monaten nahm ich keinen Kontakt zu ihr auf, und auch sie unternahm nichts. Dann kam Weihnachten, und ein Brief flatterte ins Haus, der mir die Antwort auf meine Frage brachte, was es mit diesem Vorfall am Volleyballnetz auf sich hatte. Die junge Frau schrieb von ihrer Familie, ihrer Ausbildung und ihren Erwartungen ans Leben. Ich freute mich über ihren Brief, denn er war ein Licht in einer sehr dunklen Zeit.

Nachdem wir begonnen hatten, Briefe zu wechseln, beschlossen wir, an einer weiteren Konferenz teilzunehmen, die im Frühjahr stattfinden sollte. Auf dieser Frühjahrskonferenz merkte ich instinktiv, dass Gott mich durch eine Ehe mit Dawn glücklich machen wollte.

Fünf Monate später meldete sich, während ich schlief, dieselbe Stimme wieder und sagte nur drei Worte: »Fahr jetzt los!« An diesem Tag kündigte ich mit einer Frist von zwei Wochen meine Arbeit. Ich hatte keine neue Stelle und noch nie im Mittleren Westen gelebt. Als ich die Kinder fragte, ob sie mitkommen wollten, lehnten sie es ab, weil sie lieber bei ihrer Mutter und ihren Freunden bleiben wollten.

So machte ich mich von Neuengland auf den Weg in den Mittleren Westen. Als ich die Außenbezirke von Chicago erreichte, rief ich meine Mutter an, um zu erfahren, ob jemand für mich angerufen hatte. Sie sagte, ein Mann habe sich gemeldet und eine Nachricht hinterlassen. Es war ein früherer Arbeitskollege. Er hatte gehört, dass ich in den Mittleren Westen ziehen wollte, und empfahl mir, jemanden in Chicago wegen eines Jobs anzurufen. Als ich die Nummer wählte, erhielt ich auf der Stelle ein Vorstellungsgespräch in einem

Hotel in der Nähe des O'Hare Flughafens. Ich ging noch in meiner Reisekleidung – Jeans und T-Shirt – hin und bekam den Job. Wie sich herausstellte, war er in St. Paul, Minnesota, etwa fünfzig Kilometer von Dawns Wohnort entfernt.

Alles Übrige gehört zur Geschichte einer mittlerweile 17-jährigen Ehe, aus der zwei Kinder hervorgegangen sind. Dawn hat sich als wunderbare Stiefmutter für meine vier Kinder aus erster Ehe entpuppt. Und auch wenn sie nie die »Stimme« gehört hat, die ich gehört habe, rührte auch sie sich an jenem Tag vor 18 Jahren hinter dem Volleyballnetz nicht vom Fleck. Gott hat tatsächlich Wort gehalten: Sie ist die große Liebe meines Lebens. An ihrer Seite habe ich Ruhe, wahre Liebe und Frieden gefunden. Und für dieses Geschenk bin ich Gott dankbar.

»Ich spürte einen Energieschub von Kopf bis Fuß«

DENISE ROLLAND, *pensionierte Inhaberin einer Headhunting-Firma*

Seit meiner frühesten Kindheit hatte ich die Existenz Gottes in Zweifel gezogen. Da ich aus einer Familie stammte, in der Gewalt und Missbrauch herrschten, lernte ich, niemandem zu trauen außer mir selbst. Ich war Atheistin. Gott hatte es für mich nie gegeben.

Ich arbeitete hart, um mir ein gutes Leben aufzubauen. Ich machte eine mehrjährige Therapie und studierte noch einmal, um einen Abschluss in Psychologie zu erwerben und meine Schwestern zu mir nehmen zu können. Aber irgendetwas fehlte.

Nachdem ich 1993 meine Stelle als Vizepräsidentin einer großen internationalen Headhunting-Firma aufgegeben hatte, kam ich nach Hause und war sehr niedergeschlagen und voller Zweifel. Auch wenn meine Entscheidung gut geplant und überlegt war, fühlte ich mich entmutigt und unsicher. Ich hatte beschlossen, eine eigene Firma zu gründen, und damit brachen sämtliche Gefühle von finanzieller Unsicherheit und Angst auf, die ein solches Wagnis mit sich bringt.

Gegen elf Uhr am nächsten Morgen saß ich innerlich leer und deprimiert im Wohnzimmer meines Landhauses. Plötzlich spürte ich einen Energieschub von Kopf bis Fuß. Mein Körper war von bedingungsloser Liebe erfüllt, während mir gleichzeitig eine Stimme versicherte: »Ich werde immer für dich da sein. Fürchte dich nicht.«

Was für eine Erfahrung! Sie wird mir unvergesslich bleiben. Ich weiß jetzt, dass ich das große Glück hatte, Gott und seiner unendlich großen Liebe und Güte zu begegnen.

»Es war eine Stimme – kein Gedanke«

JANICE OLSZANSKI STOVKA,
ehemalige Ansichtskartenhändlerin und Großmutter

Ich war am Tiefpunkt meines Lebens. Meine Mutter war schwer krank, und der Gedanke an ihren bevorstehenden Tod machte mich untröstlich. Fünfzig Jahre lang war sie meine liebevolle Mutter, mein Fels in der Brandung und meine Freundin gewesen. Selbst als Erwachsene hatte ich mit ihr immer Tür an Tür gewohnt. Ich konnte mir nicht vorstellen, dass sie nicht mehr in ihrem Lieblingssessel sitzen oder mit meinem Vater plaudern würde. Der Gedanke war mir unerträglich.

Sechs Monate betete ich zum Heiligen Geist um Trost. Ich bat Gott, mir Kraft für die bevorstehenden Prüfungen zu schenken, die auf meine Familie – insbesondere meinen Vater – zukamen.

Als ich irgendwann einmal spätabends traurig war und weinte, hörte ich eine innere Stimme. Es war eine Stimme – kein Gedanke. Sie war sanft und behutsam und sagte klar und deutlich: »Mach dir keine Sorgen. Ihr wird es gut gehen.« Danach überkam mich allmählich ein tiefer Frieden. Es war ein erstaunlicher Augenblick. Gott hatte unzweifelhaft meine Gebete erhört und mir geantwortet.

Als für meine Mutter schließlich die Zeit kam, aus diesem Leben zu scheiden und ins nächste zu gehen, hatte ich damit Frieden geschlossen. Ich betete darum, Gewissheit zu haben, dass es ihr gut ging, und es geht ihr gut. Ich weiß es, denn Gott hat es mir gesagt.

3

»Kannst du mir helfen?«

Die Antwort annehmen

»Als ich high wurde, hatte ich einen körperlichen Zusammenbruch«

JOSÉ ROJAS, *Jobplaner für Sozialhilfeempfänger*

Ich weiß, dass es Gott gibt. Ich war schon zu einer Zeit Messdiener, als die Messe noch auf Latein abgehalten wurde. Ich war gläubig; meine Eltern hatten mich katholisch erzogen und Gottesfurcht gelehrt. Doch ich entfernte mich von den Grundsätzen, die mir eine sehr fürsorgliche und liebevolle Mutter beigebracht hatte. Als junger Mann begann ich, nach Abenteuern und sofortiger Lustbefriedigung Ausschau zu halten und Drogen zu nehmen, insbesondere Kokain.

Ich war 22 Jahre lang drogensüchtig, und trotz all meiner Bemühungen gelang es mir nicht, von der Sucht loszukommen – ich schaffte es einfach nicht.

In den letzten drei Jahren der Sucht lebte ich in einem verlassenen Gebäude (ohne Strom und fließend Wasser) und ernährte mich aus Mülleimern. Ich wusste, dass Gott mir eines Tages zu Hilfe kommen würde – ich wusste nur nicht, wann.

Nachdem ich irgendwann einmal fünf Tage und Nächte hindurch nicht geschlafen hatte, kehrte ich in das verlassene Gebäude zurück, nahm Drogen, und während ich high wurde, hatte ich einen körperlichen Zusammenbruch. Zwei Tage später wachte ich gegen ein Uhr morgens auf. Als ich den Raum, in dem ich mich befand, verlassen wollte, sah ich an der Tür einen halb zerbrochenen Spiegel in Körpergröße, der mir nie zuvor aufgefallen war.

Als ich die Türklinke anfasste, sah ich meine Hand im Spiegel. Auch wenn ich keine Angst hatte, wunderte ich mich doch und fragte mich, wo der Spiegel herkam.

Aus Neugier streifte ich meine Kleider ab und stellte mich vor den Spiegel. Ich konnte mich ganz betrachten – einen ausgemergelten Körper, abgemagert und völlig am Ende – und den Gestank riechen, der von mir ausging, weil ich mich seit Monaten nicht mehr gewaschen hatte.

Als ich die zerlumpten Kleider wieder anzog und aus der Tür ging, war der Spiegel verschwunden. Gott zeigte mir, dass es noch einen Lichtschimmer in mir gab und er mir helfen würde, mich zu verändern – wenn ich wollte. Beim Verlassen des Hauses sprach ich das folgende Gebet: »Gott, ich weiß, dass das, was für mich unmöglich ist, für dich möglich ist. Zeig mir, was du aus diesem Wrack von einem Mann machen kannst.«

Das war am 1. Januar 1993. Von diesem Augenblick an nahm mich Gott unter seine Fittiche. Ich sehe jetzt alles in meinem Leben aus einer anderen Perspektive, als hätte sich ein Nebel gelichtet. Und jedes Mal, wenn ich eine Türklinke anfasse, erlebe ich von Neuem den Augenblick, als Gott in mein Leben trat.

»Ich begann unterzugehen«

KENNETH MORTIMER, *Managementberater*

Als ich mit meiner Frau in Christchurch in Neuseeland wohnte, kam irgendwann ihre Schwester Sarah zu Besuch. Meine Frau machte Nachtdienst als Krankenschwester und schlief tagsüber. Deshalb beschloss ich, mit Sarah und meinen beiden Kindern am Samstag eine Schlauchbootpartie zu unternehmen.

Als wir aufs Land zupaddelten, war die Strömung stärker, als ich vermutet hatte, und obwohl wir mit aller Kraft paddelten, kamen wir nicht vorwärts. Da beschloss ich, mit dem Bootsseil ins Wasser zu springen und das Boot schwimmend an Land zu ziehen. Erfolglos. Ich war kein besonders geübter Schwimmer und kam nicht gegen die Strömung an.

Deshalb fasste ich den Entschluss, allein an Land zu schwimmen, das Auto zu holen und das Boot dort aufzugabeln, wo es anlanden würde. Ich schwamm auf das Ufer zu, doch aufgrund der starken Strömung trieb ich ab. Schließlich schwamm ich auf einige vertäute Jachten zu, um mich an einem Ankerseil festzuhalten, aber auch das gelang mir nicht. Vor den Augen meiner Kinder begann ich unterzugehen.

Dreimal sank ich unter Wasser, bevor ich in meiner Verzweiflung zu Gott rief: »Jesus, Maria, Josef, rettet mich! Lasst mich nicht untergehen.« In der nächsten Sekunde packte mich jemand am Arm.

Drei Rettungsschwimmer hatten Sarahs Hilferufe gehört und holten mich aus dem Wasser.

Skeptiker werden einwenden, dass ich meine Rettung den Hilferufen meiner Schwägerin zu verdanken habe. Meine Antwort darauf lautet: »Glaubt, was ihr wollt. Ich weiß, was ich weiß. Kaum hatte ich das Gebet gesprochen, kam die Hilfe.«

»Was wäre gewesen, wenn?«

DONALD MACHOVOE, Maschinenbauingenieur

Nach fünf Jahren Ehe standen meine Frau und ich vor dem Aus; wir hatten weder eine Arbeit noch eine Wohnung. Ich hatte gehört, dass in Nordcarolina Arbeitskräfte gesucht wurden und nahm Kontakt mit einer Firma auf, die angeblich Leute einstellte. Man sagte mir, sie würden sich bei mir melden. Wir hielten die Sache jedoch für aussichtsreich, packten all unsere Habe in einen gemieteten Anhänger von U-Haul und machten uns mit unseren drei Kindern (im Alter von drei und vier Jahren und einem Säugling von einem Monat) auf den Weg dorthin. Zwei Schecks mit Arbeitslosengeld waren das gesamte Vermögen, das wir auf unserer Reise vom Westen New Yorks nach Nordcarolina besaßen.

Wie sich zeigte, brauchte die Firma, bei der ich vorstellig wurde, gerade niemanden. Man schickte uns nach Hause und sagte, sie würden uns bei Bedarf anrufen. Mit gerade genug Geld, um den Wagen vollzutanken, begaben wir uns auf die 16-stündige Rückreise nach New York.

Mittags fingen die Kinder an zu weinen, weil sie Hunger hatten. Mit dem letzten Kleingeld besorgten wir einen Burger und Pommes frites bei McDonald's, womit wir vorübergehend ihren Hunger stillen konnten. Als wir uns gegen zehn Uhr abends in der Nähe von Williamsport in Pennsylvania befanden, weinten die Kinder wieder vor Hunger, und ich hatte kaum noch Benzin. In meiner Ratlosigkeit fuhr ich auf eine Tankstelle, die geschlossen hatte, um auf der Karte nachzuschauen, wie weit es noch bis zu meinen Eltern war. Da sah ich im Halbdunkel einen Getränkeautomaten und schlug meiner Frau vor, ich könne ihn aufbrechen, um uns Geld zum Tanken und für eine Mahlzeit zu besorgen. Sie war zwar dagegen, aber wir waren uns einig, dass etwas passieren musste.

Ich nahm den Wagenheber aus dem Kofferraum und ging auf den Getränkeautomaten zu, doch irgendetwas warnte mich innerlich, sodass ich umkehrte. Genau in dem Augenblick, als ich den Wagenheber wieder in den Kofferraum legen wollte, tauchte eine Streife auf und fragte, ob alles in Ordnung sei. Ich gab vor, dass ich die Reifen kontrolliert hätte, weil ich sichergehen wollte, dass wir keine Reifenpanne hätten. Die Streife folgte uns aus dem Parkplatz heraus. Ich wechselte einen Blick mit meiner Frau. Wir wussten beide, dass mich der Polizist auf frischer Tat ertappt hätte, wenn ich nicht umgekehrt wäre.

Als es irgendwann lange bergauf ging, sagte ich meiner Frau, dass das Benzin langsam knapp würde und mit etwas Glück vielleicht noch achtzig Kilometer weit reichen würde. Da sie gläubig ist, fing sie an zu beten und Gott um Beistand anzuflehen. Nach dem Gebet versicherte sie mir, dass alles gut werden würde.

Zwanzig Minuten später fanden wir eine Raststätte mit

Tankstelle, Restaurant und Motel, wo wir haltmachten und uns erkundigten, ob sie uns Benzin auf Pump geben würden. Der Manager erwiderte, dass er sich gewöhnlich nicht auf so etwas einließe, aber da es kalt war und schneite (und die Kinder weinten), ließ er sich erweichen.

Beim Tanken fiel ihm auf, dass ein Reifen am Anhänger platt war. Als wir bei der Mietwagenfirma anriefen, gab uns die Mitarbeiterin am Telefon die Auskunft, dass sie so spät in der Nacht niemanden mehr vorbeischicken könne. Sie empfahl uns, zu bleiben, wo wir waren, und den nächsten Morgen abzuwarten. Dann würde jemand kommen und den Reifen reparieren. Als ich ihr klarmachte, dass ich kein Geld hatte und weder die Unterkunft noch das Essen bezahlen konnte, ließ sie sich mit dem Manager des Motels verbinden. Sie bat ihn, uns ein Zimmer für die Nacht mit Abendessen und Frühstück zu geben und die Rechnung an die Firma zu schicken.

Als wir am nächsten Tag abfuhren, hatten wir das Gefühl, dass wir ein Wunder erlebt hatten, denn anders ließ sich das, was geschehen war, nicht erklären.

Ich denke manchmal an damals zurück und frage mich: »Was wäre gewesen, wenn?« Was, wenn ich versucht hätte, den Getränkeautomaten aufzubrechen, und der Polizist mich dabei erwischt und verhaftet hätte? Eine Festnahme wäre in meinen Papieren vermerkt worden. Und schlimmer noch, man hätte uns vielleicht die Kinder weggenommen. Ja, was wäre gewesen, wenn?

»Herr, gib mir Kraft«

LARRY MERRILL, *Rechtsanwalt*

Ich nahm an einem Kajakrennen teil. Das Wetter war sehr schlecht; es stürmte und schüttete. Noch drei Kilometer lagen vor mir, und niemand war in meiner Nähe, weder vor mir noch hinter mir. Obwohl ich wusste, dass meine Kraftreserven ausreichten, wurde ich langsam müde. Als ich um eine Biegung fuhr, hinter der mich auf einer Länge von einem knappen Kilometer starker Gegenwind erwartete, murmelte ich so vor mich hin: »Herr, gib mir Kraft.«

Ich dachte an ein Rennen zurück, an dem ich einmal Jahre zuvor teilgenommen hatte. Damals war ich bei starkem Gegenwind an einer Stelle, wo der Fluss sich verengte und die Strömung stärker wurde, zweimal an einem Felsvorsprung vorbeigefahren und jedes Mal wieder zurückgeworfen worden, bis ich kurz vor dem Verzweifeln war. Ich betete damals darum, dass der Wind nachlassen würde, aber mein Gebet wurde nicht erhört. Dennoch hielt ich durch.

Als ich dieses Mal betete: »Herr, gib mir Kraft«, bekam ich eine prompte Antwort. Der Wind verdoppelte sich! Ich musste lachen. Ich hatte um Kraft gebetet und bekam die Gelegenheit, sie zu trainieren. Ich lachte ungefähr einen knappen Kilometer lang, für den ich doppelt so lange brauchte wie normal. Als ich um die nächste Biegung fuhr und den Wind los war, schaute ich nach oben und sagte: »Du hast deinen Spaß gehabt, nicht wahr?« Und ich konnte ihn fast antworten hören: »Ja, und du auch!« Und das stimmte! Es war schön zu wissen, dass er mich hörte und Humor hatte.

»Das war seine Antwort«

ROBERT MCALISTER, *Pastor*

Als ich nach einer zehnjährigen Missionarstätigkeit in Kiew aus der Ukraine zurückkam, beschloss ich, einige Tage in einem Kloster vor den Toren von Charleston in Südcarolina zu verbringen, um zu beten und mit Gott in Verbindung zu treten. Während meines Aufenthalts bat ich Gott immer wieder, zu meinem Herzen zu sprechen und mir seinen Willen zu offenbaren. Nach drei Tagen hatte ich nicht den Eindruck, etwas gehört zu haben – bis der letzte Morgen kam.

Als ich am Schreibtisch in meiner kleinen Zelle saß und wieder dieselbe Bitte äußerte, klingelte mein Handy. Es war eine Frau aus der Kirchengemeinde von Lexington, Südcarolina, wo ich meinen Dienst als Pastor versehe. Sie wusste weder, wo ich steckte, noch, was mich beschäftigte. Als sie an diesem Morgen betete, hatte sie das Gefühl gehabt, dass sie mich anrufen und mir ausrichten sollte, dass Gott mich liebte und als sein Kind ansah. Sie sagte, er habe sein Wohlgefallen an mir, und ich solle weitermachen und mich nicht entmutigen lassen.

Ich bin niemand, der nach Wundern Ausschau hält, um glauben zu können, doch ich bin überzeugt, dass Gott durch diese Frau zu mir sprach und dass dies seine Antwort für mich war. Ich beendete das Gespräch und lächelte – ganz allein in meiner Zelle – vor mich hin im Wissen, dass es Gott wirklich gibt. Purer Zufall, werden einige einwenden. Das halte ich für ausgeschlossen.

»Kannst du mir irgendwie helfen?«

RICK FEHR, *Fensterputzer*

Ich bin nicht religiös aufgewachsen. Ich glaubte an etwas, doch ich bin mir nicht sicher, ob ich es Gott genannt hätte.

Im Jahre 1996 erfuhr ich, dass ich Lymphdrüsenkrebs hatte und meine Überlebenschance vier bis zehn Prozent betrug. Ich weiß nicht, warum, aber ich wandte mich an Gott und bat: »Wenn es dich gibt, kannst du mir dann nicht helfen?« Ich versprach ihm, mein Leben zu ändern, das heißt, das Trinken und Rauchen aufzugeben und nicht ständig die Frauen zu wechseln.

Nach einer fast einjährigen Behandlung war ich wieder gesund und hatte vergessen, was ich Gott versprochen hatte.

1999, drei Jahre später, flammte der Krebs wieder auf. Dieses Mal schwor ich mir, Gott in mein Leben zu lassen und mich zu bessern. Dieser Schwur veränderte mein Leben von Grund auf.

Innerhalb weniger Monate lernte ich meine Frau kennen und heiratete sie. Und dann wurde sie schwanger, obwohl ich laut Auskunft der Ärzte keine Kinder zeugen konnte. Neun

Monate später kam mein Sohn – mein kleiner Held – zur Welt.

Ich bin gesund und liebe Gott über alles. In allem, was ich tue, vertraue ich Gott.

»Langsam gab ich die Hoffnung auf, meine Seelengefährtin zu finden«

RAY EDWARDS, Vertreter

Mit 29 Jahren – ich war noch Junggeselle – wurde ich zu einer Hochzeit eingeladen. Es war eine Trauung in einer kleinen, sehr frommen Gemeinde, und es wurde viel gebetet. Ich befand mich an einem Punkt in meinem Leben, an dem ich langsam die Hoffnung aufgab, meine Seelengefährtin zu finden und zu heiraten. Als sich meine Freunde vor dem Altar die ewige Treue schworen, fing ich an zu beten. Ich bat Gott, mir endlich die Frau zu zeigen, mit der ich mein Leben verbringen würde. Da wurde ich innerlich ganz ruhig und hörte, dass es bald geschehen würde. Ich schob diesen Gedanken an diesem Tag beiseite, weil ich glaubte, mein Unterbewusstes habe mich beschwichtigen wollen.

Zwei Wochen später wurde ich zu einer Fußballendspiel-Party in einem großen Apartmentkomplex in meiner Nähe eingeladen. Da ich mir nichts aus Sport mache, wollte ich die Einladung eigentlich ausschlagen. Aber irgendetwas drängte mich, hinzugehen.

Ich ließ mich auf dem Fußboden nieder, unterhielt mich mit ein paar fremden Leuten und schaute mir nebenher das

Spiel im Fernsehen an. Als ich sah, dass ein Stuhl in meiner Nähe frei war, setzte ich mich auf den Platz. Einige Minuten später sagte eine sehr attraktive Frau zu mir, das sei ihr Stuhl, und ich solle bitte aufstehen.

Das ist 17 Jahre her, und wir sind immer noch sehr glücklich verheiratet und haben einen 13-jährigen Sohn.

Bis dahin wusste ich nicht um die Macht des Gebets. Seither kenne ich sie und weiß, dass Gott unsere Gebete erhört und sie auf seine Weise beantwortet.

»Es fiel mir sehr schwer, zu vertrauen«

JANE STILL, *Journalistin*

Mit 21 Jahren war ich eine alleinerziehende Mutter mit zwei kleinen Kindern und bekam sehr wenig Unterstützung von Verwandten oder Freunden, nachdem mein Mann ausgezogen war. In den folgenden Jahren hatte ich jedoch eine Reihe religiöser Erfahrungen, die mich aufrechterhielten. Die wichtigste ereignete sich, nachdem ich meinen jetzigen Mann kennengelernt hatte.

Aufgrund einer Missbrauchsproblematik in der Vergangenheit fiel es mir sehr schwer, zu vertrauen, und nach meiner gescheiterten Ehe konnte ich kaum glauben, dass mein jetziger Partner David mich liebte und es mit unserer Beziehung wirklich ernst meinte. David war in Urlaub gefahren, und ich verbrachte eine sehr düstere Nacht auf der Couch. Schluchzend sagte ich zu Gott, ich wisse, dass alles wie immer in meinem Leben schiefgehen würde und dass ich zur Strafe für meine gescheiterte Ehe dazu verdammt sei, allein zu bleiben.

Nachdem ich mich ausgeweint hatte, überkam mich ein tiefer Frieden, und ich sagte: »Herr, ich gebe es in deine Hände.« Kaum hatte ich dieses Gebet gesprochen, als das Telefon klingelte. Es war David, der mich furchtbar vermisste und seinen Urlaub verkürzen wollte, um bei mir zu sein.

Ein Jahr später haben wir geheiratet, und inzwischen haben wir fünf wunderbare Töchter.

»Ich ließ meinem Kummer und meinem Gefühl der Verlassenheit freien Lauf«

MAGGIE GENE, *Studentin*

Ich war 35, verheiratet und hatte vier Kinder. Ich hatte nie an der Existenz Gottes gezweifelt, aber seit ein paar Jahren spürte ich, dass ich keinen Kontakt mehr zu ihm bekam. In meiner religiösen Gemeinschaft nennt man eine solche Phase die »dunkle Nacht der Seele«.

Ich fühlte mich einsam und zutiefst verzweifelt, und mein Glaube schenkte mir weder Trost noch Freude, wie ich es von früher kannte. Meine Gebete kamen mir trocken und künstlich vor. Auch wenn ich immer noch der Form halber betete und jeden Sonntag zur Kirche ging, erhörte Gott mich weder, noch beachtete er mich.

Als ich an einem Wochenende mit meinem Sohn an einem Mutter-und-Kind-Camp teilnahm, wurde ich morgens vor Sonnenaufgang wach. Ich stand auf und ging zum See hinunter. Auch wenn es noch dunkel war, konnte ich sehen, wie der Nebel über dem Wasser stand, während die Sonne aufging.

Ich setzte mich an einen Picknicktisch und stellte Betrachtungen über meine Einsamkeit an. Plötzlich kam mir der Gedanke, dass Jesus sich auch so gefühlt haben musste, als er am

Kreuz hing und ausrief: »Mein Gott, mein Gott, warum hast du mich verlassen?« Da begann ich zu beten und Gott mein Herz auszuschütten. Ich ließ meinem Kummer und meinem Gefühl der Verlassenheit freien Lauf, als würde ich mich mit jemandem unterhalten, der neben mir saß.

Plötzlich überflutete mich ein so tiefes Gefühl von Frieden, dass es mich im Innersten erschütterte. Ich begann zu weinen, aber es waren Tränen der Freude.

Als die Morgensonne über dem See aufging und der Nebel sich lichtete, lichtete sich auch die dunkle Nacht meiner Seele. Ich konnte Gottes Gegenwart wieder spüren und begriff, dass ich mit ihm genauso sprechen konnte wie mit einem geliebten Menschen. Ich hatte inmitten meiner Qual zu ihm gerufen, und er hatte auf meinen Ruf geantwortet.

»Ich bat um günstigen Wind und ein Wunder«

ALAN BOND, *Unternehmer*

Im Jahre 1983 war ich Leiter der australischen Segelmannschaft beim America's Cup. Amerika hielt den Pokal seit 132 Jahren, was die längste Siegesspanne in der Geschichte des Sports ist.

Nach vier Wettkämpfen in einem Zeitraum von 15 Jahren glaubten wir, mit der *Australia II* das schnellste Boot und die beste Crew zu besitzen, und dennoch waren wir völlig abhängig von der Gunst der Elemente. Wir fuhren das siebte und letzte Rennen um den America's Cup. Bis zur sechsten Etappe in Newport, Rhode Island, lagen wir hinter Dennis Conners *Liberty* zurück, und zwar so hoffnungslos, dass viele Australier, die die Regatta am Bildschirm verfolgten, den Fernseher ausschalteten. Es sah nicht danach aus, dass wir die *Liberty* auf der vorletzten Etappe überholen könnten, während nur noch dieser und der letzte Abschnitt des Rennens vor uns lagen.

Allem Anschein nach würden wir selbst mit dem schnellsten Boot, den besten Segeln und der besten Mannschaft wieder einmal verlieren. Ich hatte Kopfschmerzen und ging in die Kajüte meines Tenders, des Beiboots. Das Beiboot war mit den Instrumenten der *Australia II* verbunden, sodass ich die Geschwindigkeit, die Windrichtung und die Leistung der Jacht an einem Computermodell mit verfolgen konnte. Da ich die relative Geschwindigkeit des Bootes und die Windbedingungen kannte, war mir klar, dass eine Niederlage unausweichlich war und die Amerikaner wieder einmal den Cup halten würden.

Da fing ich an zu beten. Und viele Leute in ganz Australien beteten zur selben Zeit; davon bin ich überzeugt. Ich betete um günstigen Wind und ein Wunder.

Nachdem wir um die Luvtonne gesegelt waren, hatte Dennis Conner noch eine halbe Meile Vorsprung, und es herrschte eine ziemliche Flaute. Die Jungs auf der *Australia II* hissten den kleinen Spinnaker, und in den folgenden zehn Minuten geschah das Wunder. Hinter unserer Jacht kam Wind auf. Meine Kopfschmerzen verflogen, und meine Anspannung ließ nach. Die Crew rief vom Deck des Tenders hinunter: »Alan, komm sofort hoch! Es ist was im Gange. Die *Australia II* holt die *Liberty* ein.« Der Wind war hinter unserer und nicht hinter Dennis' Jacht aufgekommen und schob unser Boot auf einer Länge von 2,5 Meilen in Führung.

Wir überholten Dennis Conner an der Leetonne. Aber es war noch nicht vorbei. Ein unglaublicher Kampf entspann sich, und bis zur Ziellinie mussten wir noch 48-mal kreuzen. Am Ende gelang es der *Australia II*, mit 38 Sekunden Vorsprung vor der *Liberty* einzulaufen.

Aber das ist nicht das Ende der Geschichte. Am nächsten Morgen wurden Fotos gemacht. Wir setzten Segel und kreuzten einmal mit unserer Jacht. Bei diesem Manöver brach das

Kopfbrett des Hauptsegels, und das Hauptsegel fiel hinunter. Ich hatte den Eindruck, dass die Botschaft, die ich von Gott am Tag vorher erhalten hatte, damit abgeschlossen war. Nicht nur hatten wir wie durch ein Wunder die Regatta gewonnen, sondern das Boot hatte auch so lange gehalten, bis wir die Ziellinie überfahren hatten. Aus dieser Erfahrung habe ich gelernt, dass Gebete erhört werden.

»Ich hatte panische Angst, ins Haus zurückzukehren«

SHARON KELLY, *Hausfrau*

Im Jahre 2001 spürte ich eines Nachts, wie mich etwas Unsichtbares bei mir zu Hause berührte, und geriet außer mir vor Angst. Ich wusste, dass sich irgendein Wesen im Haus aufhielt.

Am nächsten Morgen machte ich die Kinder für die Schule fertig und verließ zusammen mit ihnen das Haus. Es war mir unmöglich, das Haus wieder zu betreten. Als ich einer anderen Mutter in der Schule berichtete, was ich in der Nacht erlebt hatte, gab sie mir die Telefonnummer eines Mediums. Ich rief das Medium von der Schule aus an und schilderte der Frau den Sachverhalt. Doch ihr Terminkalender war in den nächsten zwei Tagen so voll, dass sie nicht gleich kommen konnte. Ich hatte panische Angst, ins Haus zurückzukehren. Völlig außer mir, flehte ich Gott immer wieder um Beistand an.

Ein paar Stunden später musste ich doch nach Hause, um Sachen für mein Baby zu holen. Weinend vor Angst packte ich die Sachen in eine Tasche, als das Telefon klingelte. Das Medium war am Apparat. Sie sagte: »Ist Ihnen eigentlich klar, dass Gott Sie sehr liebt? Ich kann schon heute Abend zu Ihnen kommen, denn sämtliche Termine in den nächsten zwei Tage wurden abgesagt.« Bei ihren Worten fing ich noch mehr an zu weinen, weil ich sofort wusste, dass Gott meinen Ruf erhört hatte.

Am selben Abend nahmen Freunde die Kinder bei sich auf, während das Medium das Haus mithilfe eines Rituals reinigte. Als das Zimmer, in dem wir uns befanden, während der Zeremonie plötzlich taghell wurde und ich fragte, was das bedeutete, erwiderte das Medium: »Das war das Licht Gottes.« Vier Stunden später war sie mit ihrer Arbeit fertig, und mir war, als würde mir eine große Last von den Schultern fallen. Das fremde Wesen war verschwunden. Es handelte sich um ein junges Mädchen, das im Haus gestorben war, wie ich erfuhr.

Ich habe immer an Gott geglaubt. Diese Erfahrung bestärkte mich darin.

»Die Dunkelheit wurde zurückgedrängt!«

ANITA STAADEN, *Veterinäraugenärztin*

Als ich neun war, begannen wir, zu Ostern an Familienfreizeiten teilzunehmen. Es war eine wunderbare Sache. Zusammen mit anderen Familien wohnten wir in kleinen Holzhäusern, aßen gemeinsam und bildeten eine große Gemeinschaft.

Nach elf Jahren voller wunderbarer und inspirierender Erlebnisse lief alles schief. Bei diesem Camp herrschte eine ungute Atmosphäre. Die Menschen waren nicht so glücklich und entspannt wie sonst, sondern wirkten unzufrieden und verkrampft. Es fehlte die Freude und die Wärme der Kameradschaft. Am letzten Abend kam meine Cousine zu mir und sagte: »Ich weiß nicht, was los ist, aber mir geht es schlecht. Das Camp macht mir dieses Jahr keine Freude. Ich möchte nur nach Hause.« Und dann fing sie an zu weinen.

Ich wusste genau, was sie meinte, weil ich dasselbe empfand, aber nicht bemerkt hatte, dass es anderen ebenso ging. Nachdem wir uns eine Weile im Arm gehalten und geweint hatten, beschlossen wir, aktiv zu werden, indem wir in die Kapelle gingen und beteten. Es kam selten vor, dass ich mit jemand anderem zusammen betete, und das galt wahrscheinlich auch für meine Cousine, aber wir glaubten beide, dass das die einzige Möglichkeit war, etwas zu verbessern.

Ich werde nie die Dunkelheit vergessen, die uns in der Kapelle umfing. Sie war tiefer als die finsterste Nacht. Sie schien so kompakt, als ob die Luft von Rauch geschwängert wäre, und sie summte und pulsierte, während sie versuchte, uns einzuschließen. Sie umkreiste uns, wich ein wenig zurück und kam dann näher, um wieder zurückzuweichen, aber jedes Mal zog sie sich enger um uns zusammen. Wir waren umgeben vom handfesten Bösen, das gemerkt hatte, dass wir es vertreiben wollten. Es versuchte, uns einzuschüchtern und zu besiegen. Negative Gefühle übermannten uns – Trauer, Enttäuschung, Unbehagen und Verzweiflung.

Doch während wir beteten, passierte etwas höchst Bemerkenswertes. Die Dunkelheit wurde zurückgedrängt! Zwar pulsierte sie und setzte uns immer noch zu, aber sie kam gegen die Macht unserer Gebete nicht an! Als wir fortfuhren zu beten, verschwand sie plötzlich wie auf Befehl. Ganz unerwartet löste sie sich auf, und mit ihr verschwand auch unsere Verzweiflung. Wir waren erleichtert, freuten uns und triumphierten. Aber was uns am meisten überraschte, war, dass die Macht unseres Gebets die unnatürliche Dunkelheit nicht nur abgewehrt, sondern sogar ganz aufgelöst hatte.

Frohen und leichten Herzens gingen wir ins Camp zurück, und von da an änderte sich die Stimmung. Am Abend fand eine bewegende und inspirierende Andacht statt, der ein reger Austausch von Anteilnahme und Herzlichkeit unter uns allen folgte. Was aussah, als wäre es das schlechteste Camp gewesen, war am Ende das beste. Ich verließ das Camp mit einem Hochgefühl, das ich noch nie zuvor erlebt hatte. Für mich ist diese sehr reale Erfahrung, die ich zusammen mit meiner Cousine gemacht habe, nicht nur der beste Beweis für die Existenz Gottes, sondern auch für die Existenz des Bösen, nicht nur im Verhalten der Menschen, sondern als eigenständige Wesenheit. Dieses Erlebnis lehrte mich die Macht des Gebets.

»Sie hielt das Kind für tot«

SHAWN MILLER, *Wirtschaftsprüfer*

Meine Frau war in der 35. Woche schwanger. Es ging ihr nicht gut. Neben einer Schwangerschaftsdiabetes hatte sie mit zu viel Fruchtwasser und Herzproblemen zu kämpfen. Eines Morgens eröffnete sie mir beim Aufwachen, dass sie das Kind für tot hielt. Ich war wie vom Donner gerührt. Sie hatte seit Mitternacht keine Kindsbewegungen mehr gespürt, und mittlerweile war es acht Uhr morgens. Als wir den Arzt verständigten, schickte er uns sofort ins Krankenhaus.

In der Klinik legte eine Schwester meiner Frau ein Gerät auf den Bauch, um die Herztöne des Babys aufzuzeichnen. Es gab eine gute Nachricht: Das Herz des Kindes schlug. Als Nächstes prüfte sie, ob das Kind sich bewegte, indem sie die Herzfrequenz maß. Jedes Mal, wenn sich das Kind im Mutterleib bewegt, ändert sich die Herzfrequenz. Wir erhielten eine schlechte Nachricht: Die Herzfrequenz wies keinerlei Schwankungen auf. Auf dem Monitor erschien eine relativ gerade Linie ohne Ausschläge.

Während meine Frau an den Apparaten angeschlossen war, begann ich, mich in ein Buch über Wunder zu vertiefen, in dem es um die Wirkungen des Glaubens ging. Ich las, dass es in Johannes 14,12–14 hieß: »Ich aber sage euch: Wer an mich glaubt, wird die Werke auch tun, die ich tue, und er wird noch größere als diese tun; denn ich gehe zum Vater. Und was ihr bitten werdet, in meinem Namen, das will ich tun, damit der Vater verherrlicht werde im Sohn.« Diesen Vers schrieb ich mir sofort ins Notizbuch und bat Gott, uns in dieser schwierigen Situation beizustehen.

Bei der Ultraschalluntersuchung, die im Anschluss daran folgte, stellte sich heraus, dass das Baby weder atmete noch sich bewegte. Mir sank der Mut. Wir schauten zu, wie die Schwester dreißig Minuten lang die Daten aufzeichnete, ohne dass irgendein Lebenszeichen außer dem Herzschlag des Kindes zu sehen war. Als wir sie fragten, ob mit dem Kind alles in Ordnung sei, verwies sie uns an den Arzt.

Nach der Untersuchung saß meine Frau im Rollstuhl auf dem Flur, und wir beteten gemeinsam. Unter Herzklopfen versuchte ich mir vorzustellen, wie es um das Kind stand. Doch während wir beteten, war mir, als würde Gott zu mir sprechen und mir versichern, dass das Kind leben würde. Als meine Frau in ihr Zimmer zurückgeschoben wurde, wartete dort bereits ein Pastor aus unserer Gemeinde auf uns. Ich richtete ihm die schlechten Nachrichten aus und bat ihn, weiter für uns zu beten.

Schließlich erschien der Arzt und trug schon einen OP-Kittel. Die Untersuchungen hatten ergeben, dass die Wahrscheinlichkeit einer Totgeburt bei 94 Prozent lag. Deshalb wollte er sofort einen Kaiserschnitt machen, um das Baby zu holen.

Das Ultraschallgerät wurde ins Zimmer gefahren, weil der

Arzt das Kind vor dem Eingriff noch ein letztes Mal untersuchen wollte. Doch dieses Mal lagen die Dinge völlig anders. Das Kind bewegte sich! Wir sahen, wie es atmete, sich mit den Händen ins Gesicht fuhr und mit den Beinen strampelte. Ein Wunder war geschehen!

Die Krankenschwester studierte den Monitor und ließ uns dann einen Blick darauf werfen. Sie zeigte uns die Aufzeichnungen über zwei Stunden mit der relativ geraden Kurve. Dann deutete sie auf die Kurve, nachdem Gott das Kind geheilt hatte. Die Kurve sah jetzt aus wie die Ausschläge eines Seismografen bei einem Erdbeben.

Diese Erfahrung bestätigte mir, was ich immer geglaubt hatte: dass Gott uns in unserer dunkelsten Stunde erhört, wenn wir zu ihm beten. Sie lehrte mich auch, dass es nach wie vor Wunder gibt.

»Schockiert ging ich zurück«

TERRI BRACY, *Pastorin der United Church of Christ*

Der hell erleuchtete Raum war voller Menschen. Während die Band sich einspielte und der Tonmeister das erste von einem Dutzend Mikrofonen prüfte, begrüßten sich die gut gekleideten Leute in der Menge gegenseitig mit Umarmungen und enthusiastischen Hallos. Als die Musik lauter wurde und der Rhythmus in Fahrt kam, richtete sich die Aufmerksamkeit nach vorn. Die Menschen klatschten in die Hände und stampften mit den Füßen, während sich die Stimmen zum fröhlichen Gesang erhoben. Eine Eingangstür öffnete sich, und der erste von vier Pastoren kam tanzend auf die Bühne, während er mit erhobener Bibel Dankeslieder sang. Die Teilnehmer waren bereit, und der Raum vibrierte vom Geist Gottes.

Welch ein Kontrast zu der Szene am Abend vorher, als ich weinend an meinem Küchentisch saß. Es war spät. Nach einem langen Arbeitstag war ich zu einem Mann, mit dem mich nichts mehr verband, und zu einem kleinen Jungen heimgekehrt, der seine Mutter brauchte: Hausaufgaben, Abendbrot, ein Bad, schließlich Schlafenszeit. Jetzt herrschte Ruhe, und ich musste mich auf eine Bibelstunde vorbereiten.

Ein Glas Wein kam dabei nicht infrage, und ohne es konnte ich den Tag nicht abschütteln.

In der Lektion der Woche ging es um die Gaben des Geistes. In den Korintherbriefen stand zwar, dass das Reden in Zungen die geringste unter den Gaben war, aber in der Kirche, der ich angehörte, hatte sich das nicht herumgesprochen. Alle außer mir redeten in Zungen, und ich war mich nicht sicher, ob ich es glauben sollte. Wenn man nicht den Beweis erbrachte, dass man im Heiligen Geist getauft war, indem man in Zungen redete, war man dann gar nicht vom Geist erfüllt? Tatsächlich war ich so sehr damit beschäftigt, herauszufinden, ob andere das Zungenreden nur vortäuschten, dass meine eigene Andacht darunter litt.

Ich saß am Küchentisch und weinte, weil ich wusste, dass ich in mehr als einer Hinsicht am falschen Platz war, aber ich wusste nicht, wie ich den richtigen Platz finden sollte. »Gott, bist du da? Gibt es dich? Ich muss es wissen. Ich muss dich spüren. Ich muss Gewissheit haben.« Ich muss, ich muss, ich muss! Wie konnte ich, ein Nichts, es wagen! Was fiel mir überhaupt ein! Ich las die Lektion zu Ende, goss mir schließlich mein Glas Wein ein, begrub meine Frage tief im Innern und begab mich zur Nachtruhe.

Am nächsten Morgen brachte ich meinen Sohn zur Schule und machte mich auf den Weg zu einem hektischen Arbeitstag in einer hektischen Stadt und einem hektischen Büro, umgeben von hektischen Menschen.

Immer noch erschöpft, stand ich später mit erhobenen Händen in einer zweckentfremdeten Turnhalle, ließ die Musik auf mich einwirken und wartete auf Freude. Der Hauptprediger brachte die Menge zum Schweigen. »Wer von euch ist noch nicht im Heiligen Geist getauft?«, fragte er. Nur wenige Hände gingen hoch. Der Großteil seiner Schäfchen war gut geschult und hatte schon vor langer Zeit und seither immer wieder die Gabe empfangen, in Zungen zu reden. Diejenigen, die sie nicht empfangen hatten, waren nur allzu gut bekannt. Meine beste Freundin warf mir einen scharfen Blick zu, um mir klarzumachen, dass ich mich nicht drücken konnte. Ich verkroch mich nicht, sondern setzte mich stattdessen aufrechter hin. Ich war wütend. »Kommt zum Altar, und ihr werdet sie empfangen«, intonierte der Prediger. Was fiel ihm ein? Nicht mit mir! Nicht einen Augenblick lang glaubte ich, dass das etwas für mich war. Ich würde nicht blindlings folgen, noch würde ich etwas vortäuschen. »Ich verschwinde jetzt«, zischte ich meiner Freundin zu. »Wenn ich gewusst hätte, dass er mit diesem Quatsch ankommt, wäre ich gleich zu Hause geblieben!«

Mehrere Leute drehten sich nach mir um. Eine meiner Mentorinnen winkte mir zu: »Komm nach vorn, Terri, hab keine Angst.« Angst? Ich hatte keine Angst. Ich kochte vor Wut. Mit Tränen in den Augen und einem herausfordernd vorgereckten Kinn ging ich nach vorn.

Die Mentorin legte mir besänftigend die Hände auf die Schultern, während sie die Lippen an mein Ohr presste und flüsterte: »Bete mit mir.« Plötzlich hatte ich einen Kloß im Hals. Mein Verstand schien sich von meinem Geist zu lösen, und ich beobachtete, wie etwas tief aus meinem Innern hervorquoll – und auf einmal wurden die Blasen zu Worten, zu Worten, die ich nie zuvor gesagt hatte. Es war, als wäre mein

Körper so voll von ihnen, dass sie aus meinem Mund herausquollen. Mehrere Minuten lang beobachtete ich das Phänomen. Ich hörte zu. Ich erlebte es. Und dann war es vorbei.

Schockiert ging ich zurück, buchstäblich geschockt. Es war, als wäre ich elektrisiert gewesen. Auf halbem Weg zu meinem Platz blieb ich stehen und wusste: Der Heilige Geist hatte mich erfüllt. Gott war lebendig und hatte sich mir enthüllt. Die Erfahrung der aktiven Gegenwart des lebendigen Gottes bedeutete, dass ich ihn nie mehr infrage stellen würde. Ich wusste aber auch, dass ich nie mehr in Zungen sprechen würde. Ich trat kurze Zeit später aus dieser Kirche aus, weil ich wusste, dass ihr Fundamentalismus nicht zu mir passte. Aber das Erlebnis hat mich dauerhaft verändert und ist für mich zu einer grundlegenden Erfahrung geworden. Ich bin jetzt Pastorin in der liberalen United Church of Christ.

»Ich bat Gott, ihm einen Schutzengel zu senden«

ANGIE BUTLER, *Büromanagerin*

Ich habe immer an die Existenz Gottes geglaubt, doch im Februar 1997 erhielt ich definitiv die Bestätigung, dass es ihn gibt und dass Wunder geschehen.

Mein Vater war damals 47 Jahre und lag mit einem schweren Schlaganfall ungefähr drei Wochen im Koma. Als er erwachte, konnte er weder sprechen noch auf Fragen reagieren. Der Arzt riet meiner Mutter und mir, ihn in einem Heim unterzubringen. Seiner Meinung nach war die Aussicht, dass er mehr als dahinvegetieren würde, äußerst gering. Als ich protestierte und Zweifel anmelden wollte, entschuldigte sich der Arzt und meinte, dass er nichts weiter tun könne.

In der Zeit dieses Martyriums betete ich unablässig. Bei dem Gedanken, dass ich meinen Vater verlieren sollte und er nie sein erstes Enkelkind zu Gesicht bekommen würde, das gerade unterwegs war, war ich todunglücklich. Wie betäubt verließ ich das Krankenhaus und betete am Abend intensiver, als ich es je getan hatte. Insbesondere bat ich Gott darum, meinem Vater einen Schutzengel zu schicken, der über ihn wachen würde. Ich betete so intensiv, dass ich, als ich mitten in der Nacht aufstand, um auf die Toilette zu gehen, merkte, dass ich unterbewusst immer noch weiter betete.

Nach der Arbeit setzte ich mich am nächsten Tag ins Auto und unternahm die einstündige Fahrt zum Krankenhaus, um meinen Vater zu besuchen. Immer noch betend, betrat ich das Zimmer. Was ich sah, ließ mich nicht nur das Beten vergessen, sondern verschlug mir förmlich die Sprache. Auf der Krankentafel über der linken Schulter meines Vaters steckte ein kleiner goldener Engel. Ich brach in Tränen aus, und im selben Augenblick öffnete mein Vater die Augen und schaute mich an. Meine Freude war so groß, dass ich kaum an mich halten konnte; ich umarmte ihn und versicherte ihm, dass er wieder gesund werden würde. Zum ersten Mal lächelte er wieder. Da wusste ich, dass es einen Gott gibt und er unsere Gebete erhört.

Als ich abends nach Hause kam, telefonierte ich mit seiner Schwester und erzählte ihr von meinem Gebet, von dem Schutzengel und davon, dass mein Vater gelächelt hatte. Da fing sie zu meiner Verwunderung an zu schluchzen. Hatte sie denn nicht begriffen, was ich ihr gesagt hatte? Er würde wieder gesund werden!

Schließlich erzählte sie mir, was geschehen war. An dem Morgen, als sie ihn im Krankenhaus besuchen wollte, hatte irgendetwas sie dazu bewogen, vorher in der Geschenkboutique vorbeizugehen. Auf dem Tresen fand sie einen Engel-Anstecker und kaufte ihn. Es schien ihr, als sei sie nur in den Laden gegangen, um diesen Anstecker für meinen Vater zu besorgen. Im Zimmer befestigte sie ihn dann auf seiner Krankentafel. Als sie das erzählte, weinten wir beide.

Einige Monate später wurde mein Vater entlassen und konnte seine erste Enkeltochter am Tag ihrer Geburt in die Arme schließen. Mithilfe von Krankengymnastik lernte er, wieder zu gehen, zu sprechen und sogar wieder Auto zu fahren. Er wurde fast vollständig wieder gesund und lebte danach noch acht Jahre.

»Mach das Feuer aus«

CHERYL LEHMAN, *Inhaberin eines Juweliergeschäfts*

Ich bin Mitglied einer spiritualistischen Glaubensgemeinschaft in San Diego. Wir glauben nicht nur, dass die Lebenden mit den Toten kommunizieren können, wir glauben auch an die Macht des Gebets – jeder Art von Gebet.

Jeden Oktober bringen die Santa-Ana-Winde in Kalifornien heiße Luftströme aus der Wüste. Die Feuchtigkeit verdunstet, und die Luft wird angenehm trocken und warm. Solange die Winde wehen, ist der Himmel von Ventura bis San Diego einige Tage lang so klar und blau, wie Gott ihn erschaffen hat. Doch der blaue Himmel bleibt nicht lange, denn schon kurze Zeit später wird er von den braunschwarzen Rauchschwaden der Buschfeuer verdunkelt, die im südlichen Kalifornien wüten.

So war es auch im Oktober 2003. Die trockenen Winde bliesen, und die Temperatur lag bei 35 Grad. Am frühen Morgen brach ein Feuer in Camp Pendleton, nördlich von San Diego, aus. Dann folgten Feuer nordöstlich von Los Angeles, im San Diego County und im Riverside County. In der Nacht sah man Flammen in San Bernardino und Fontana. Plötzlich schien es, als brenne ganz Südkalifonien.

Am vierten Tag nach Ausbruch der Brände kroch eine kleine weiße Rauchfahne aus dem Unterholz auf der Vorderseite des Berges, der sich über San Bernardino erhebt, ganz in der Nähe meines Hauses. Ich rechnete damit, dass bald ein Hubschrauber mit Wasser vom Lake Arrowhead eintreffen und das Feuer löschen würde. Doch niemand kam. Niemand hatte Zeit. Alle Feuerwehrleute und Helfer waren irgendwo anders im Einsatz. Und die kleine Rauchfahne schwoll im Laufe des Tages an. Als es dunkel wurde, war die gesamte Stromversorgung auf dem Berg unterbrochen. Flammen schossen durch die Dunkelheit. Das Feuer breitete sich ungehindert aus. Um zwei Uhr morgens verließen mein Mann und ich mit unserem Golden Retriever Max unser Haus.

Wir quartierten uns in einem Hotel in Big Bear ein und riefen Verwandte und Freunde an, um uns zu erkundigen, ob wir bei ihnen unterkommen könnten. Aber das Feuer wütete überall, und wir mussten bleiben, wo wir waren, und konnten nichts tun.

Vier weitere Tage vergingen, während die Nachrichten uns auf dem Laufenden hielten. 50 000 Häuser, 80 000 Nebengebäude und 2000 Betriebe in der Nähe unseres Hauses in Lake Arrowhead waren von den Flammen eingeschlossen. Wie erstarrt saßen wir vor dem Fernseher und konnten nichts tun. Es gab nur eins – beten.

Mein Mann und ich hatten oft erlebt, dass sich ungünstige Umstände durch unablässiges Beten zum Guten wendeten. Vielleicht konnten wir unser Haus retten, wenn wir Gott und seine mächtigen Engel anriefen. Also begannen wir ernsthaft zu beten.

Den spiritualistischen Lehren Amerikas zufolge ist jeder Mensch von vielen Geistwesen und einem indianischen Geistführer umgeben. Indianische Geistführer können unsere Vorfahren sein, Menschen, die wir durch das Ähnlichkeitsgesetz anziehen, oder jemand, den Gott uns schickt, um uns zu beschützen. Wenn wir ihren Namen in Erfahrung bringen, ist es leichter, mit ihnen zu kommunizieren. Der Name meines indianischen Schutzgeistes lautete »Sparkling Rain«, und der meines Mannes hieß »North Wind«. Und so wandten wir uns an Sparkling Rain und North Wind und baten sie, das Feuer aufzuhalten und unser Haus zu retten.

Die Brände wüteten weiter. Eines Abends brachten die Nachrichten im Fernsehen Bilder von Bränden in einer uns bekannten Gegend direkt unterhalb unseres Hauses.

Da änderte der Wind ganz plötzlich seine Richtung und begann, von Norden zu wehen. Und dann fing es an zu regnen! Der Spuk war vorbei. Wir kehrten in unser Haus zurück, das wie eine feste Burg dastand, auf allen Seiten umgeben von den Ausläufern der Feuersbrunst.

Unsere Gebete waren erhört worden. Der Nordwind hatte geweht, und der Regen war gefallen und hatte das Feuer gelöscht.

»Meine Schmerzen waren verschwunden!«

VANESSA FOSTER, *Angestellte im Flugbüro*

An einem sonnigen Tag im Mai 2005 wachte ich mit dem starken Bedürfnis auf, Gott dafür zu danken, dass ich am Leben war. Ich betete und dankte ihm dafür, dass er mir auch zukünftig Gutes erweisen würde.

Da mein Mann und ich umziehen wollten, stieg ich am selben Tag in meinen Van, um auf Haussuche zu gehen. Als ich in Richtung Norden auf ein nahe gelegenes Einkaufszentrum zufuhr, verlor ich beim Rechtsabbiegen die Kontrolle über das Auto. Während ich wahrnahm, wie ich auf einen riesigen Bulldozer zuraste, der auf einer Baustelle stand, wusste ich, dass der Zusammenstoß nicht mehr abzuwenden war. Im selben Augenblick wurde alles in mir ruhig, und ich fiel in Trance. Es war, als würde ich im Zeitlupentempo durch einen Tunnel fallen. Als das Auto auf den Bulldozer prallte, empfand ich gar nichts.

Ich entsinne mich, wie ich später die Sanitäter sagen hörte, dass ich mir vermutlich das Genick gebrochen hatte. Ich sah meinen Körper auf dem Boden liegen und schaute zu, wie sie mir Erste Hilfe leisteten. Als ich wieder zu Bewusstsein kam, sagte ein Mann, ich habe sehr viel Glück gehabt.

In der Klinik, in die man mich einlieferte, stellte man fest, dass ich mir nicht das Genick gebrochen hatte, und für mich hieß das, dass Gott mich verschont hatte.

Doch einen Monat nach dem Unfall wurde ich von so üblen Rückenschmerzen geplagt, dass ich kaum noch laufen konnte, und die Schmerztabletten machten mich völlig benommen. Ich sagte zu meinem Mann, wenn Gott mein Leben verschont habe, könne er mich auch von den Schmerzen heilen. Also ging ich um zehn Uhr morgens in die Kirche, setzte mich in die vorderste Bank und sprach ein Gebet: »Gott, ich bin dieser Tabletten überdrüssig, und ich glaube fest, dass du mich auf der Stelle gesund machen kannst. Im Namen Jesu bitte ich dich um Heilung und danke dir im Voraus. Ich werde keine Tabletten mehr nehmen.« Augenblicklich lief ein warmer Strom vom Hals meinen ganzen Rücken hinunter, und ich sprang auf. Meine Schmerzen waren verschwunden!

Gott erfüllt mich mit Ehrfurcht, und mein Glaube ist stärker als je zuvor.

»Lass mich Geld finden«

CHARLES DIXON, *Autor und Gärtner*

In der dritten Klasse räumte uns unsere Lehrerin im Unterricht eine Stunde ein, um über ein Thema unserer Wahl zu sprechen. Einmal ging es dabei um Gott. Alle Kinder, die an Gott glaubten, sollten aufzeigen, und anschließend all jene, die nicht an ihn glaubten. Ich war einer der wenigen, die nicht an Gott glaubten. Ich hatte nie ernsthaft über das Thema nachgedacht.

Nach der Schule schickte mich meine Mutter in den Laden, der einen knappen Kilometer entfernt war, um eine Flasche Limonade zu besorgen. Als ich auf dem Nachhauseweg war, fiel mir plötzlich das Gespräch aus dem Unterricht wieder ein. Ich sagte mir: »Wenn es wirklich einen Gott gibt, hat er jetzt die Gelegenheit, es mir zu beweisen. Falls ich Geld auf der Straße finde, werde ich an ihn glauben.«

Beim nächsten Schritt fand ich fünfzig Cent. Beim übernächsten Schritt weitere fünfzig Cent. Dann wieder fünfzig Cent. Inzwischen hatte ich ganz vergessen, worum ich Gott gebeten hatte, und sammelte beim Gehen die Geldstücke auf. Dann fiel es mir plötzlich siedend heiß ein. Ich bekam einen solchen Schrecken, dass ich so schnell nach Hause lief, wie meine Füße mich tragen konnten. Ich hatte Angst, den Blick zu heben, weil ich fürchtete, ich würde die für das Wunder verantwortliche Macht oder das höhere Wesen zu Gesicht bekommen!

Zu Hause brauchte ich einige Zeit, um mich wieder zu beruhigen. Schließlich erzählte ich meiner Mutter, was geschehen war. Sie erklärte mir, jemand habe ein Loch in der Tasche gehabt. Es sei Zufall.

Ich bin inzwischen fünfzig, und Gott ist mein Ein und Alles: mein ganzes Vertrauen, mein ganzer Glaube und meine ganze Hoffnung. Er ist wirklich mein Ein und Alles.

»Vergiss das niemals«

BONNIE BAKER, *pensionierte Schwesternhelferin*

Es gab für mich kein größeres Abenteuer, als meine Großmutter in Sunshine, Maine, zu besuchen. Sie freute sich immer über meinen Besuch und schnitt mit mir Papierpuppen aus alten Katalogen aus oder ließ mich den großen Karton mit den alten Fotos von ihren fünf Kindern herbeiholen. Wir amüsierten uns zusammen über die Kleider und die Frisuren, und sie hatte zu jedem Foto eine lustige Anekdote zu erzählen.

Meine Großmutter konnte aber auch ernst sein. Nach jeder Mahlzeit lasen wir ein Kapitel aus ihrer abgenutzten Bibel und beteten. Ich werde nie den Morgen vergessen, an dem sie Gott um einen Besen bat. Selbst in meiner kindlichen Vorstellung schien die Angelegenheit zu trivial, um Gott damit zu behelligen. Doch ich behielt meine Gedanken für mich, während Großmutter fröhlich ihrer morgendlichen Arbeit nachging, Kleider auf dem Waschbrett schrubbte und sorgenvoll den Staub betrachtete, der weggefegt werden musste.

Draußen in der Sonne vergaß ich bald ihr Gebet, während ich wilde Erdbeeren pflückte und ihre saftige Süße genoss. Ich war so in meine Beschäftigung vertieft, dass ich nicht die

Schritte auf dem Kiesweg hörte und erst den Kopf hob, als David, Großmutters Nachbar, mich beim Namen rief.

»Ist deine Großmutter da?«, fragte er mit einem freundlichen Lächeln. Ich nickte, meine Kehle war wie zugeschnürt. Ich sah, wie er mit einem Besen in der Hand singend und pfeifend aufs Haus zuging. Von Ehrfurcht ergriffen, saß ich mitten in meinem Beerenfeld. Hatte Gott Großmutter tatsächlich einen Besen geschickt? Ein kleiner Samen des Glaubens wurde in mein Herz gepflanzt, als ich über das Wunder nachdachte.

Nachdem David gegangen war, kam meine Großmutter aus dem Haus gelaufen und sagte: »Lizella« – und damit meinte sie eine ihrer besten Freundinnen – »hatte einen Besen übrig und hat heute Morgen an mich gedacht. Sie hat ihn mir durch David schicken lassen.« Sie strahlte über das ganze Gesicht. »Ist das nicht prima?«

Drinnen knieten wir uns vor dem abgeschabten Sofa hin und dankten. Dann machte sich Großmutter an die Arbeit und fegte in Windeseile den Staub, bis das ganze Haus blitzte. Ihre runzligen blauen Augen glänzten, als sie den Besen wegstellte und mich auf den Schoß nahm. »Kind, scheue dich nie, Gott um alles zu bitten, was du brauchst«, sagte sie und strich mir über meine braunen Locken. »Er sorgt sich um uns. Das darfst du niemals vergessen.«

Und das habe ich auch nicht.

»Ich hatte um ein Zeichen gebeten«

EVA HOUSER, *Chefsekretärin*

Mehrere Jahre lang ging es mit meinem Leben kontinuierlich bergab. Mein Mut war gebrochen und mein Glaube fast erloschen. Alles, was ich unternahm, machte die Dinge nur noch schlimmer.

Als ich eines Tages am Ende war, wendete sich mein Leben. Ich hatte immer wieder gebetet und verstand nicht, warum Gott meine Gebete nicht erhörte. War das denn schließlich nicht seine Aufgabe? Hatte er nicht die Pflicht, sich um uns kümmern? »Ein letztes Mal«, dachte ich. »Ich will es ein letztes Mal versuchen.« Also betete ich, aber diesmal betete ich anders. Ich bat ihn nicht einfach, die Dinge für mich zu regeln, sondern mir stattdessen zu helfen, in meinem Leben Eigeninitiative zu entwickeln, und mir die Augen für die Antworten zu öffnen, die er mir auf den Weg gelegt hatte – Antworten, die ich mit meinen irdischen Augen übersehen hatte. Dann nahm ich meinen Mut zusammen und bat um ein Zeichen: eines, das ich in meinem Bestreben nach einem neuen und besseren Leben sehen, fühlen und nutzen könnte. Ich bat ihn darum, mir das Zeichen in die Hand zu legen, damit ich sicher sein konnte, dass es ein Zeichen von ihm und kein bloßer Zufall war. Ich hatte stundenlang gebetet und war darüber eingeschlafen. Als ich aufwachte, musste ich weinen.

Der nächste Tag verlief wie üblich. Ich stand früh auf und ging zur Arbeit. Es war kurz vor Weihnachten, und Rosalind, die sehr nette Frau, bei der ich arbeitete, bat mich, ihr beim Geschenkeverpacken zu helfen. Während der Arbeit schwatzten wir miteinander. Ich berichtete von meinem Gebet am Abend vorher, hütete mich jedoch, das Zeichen zu erwähnen, das ich mir gewünscht hatte, aus Angst, dass sie mich für leicht verrückt halten würde. Plötzlich verließ sie den Raum, und bei ihrer Rückkehr nahm sie wortlos meine Hand und drückte mir nicht nur ein, sondern zwei Segenskärtchen in die Hand. Darauf stand, ich solle mich an den Heiligen Geist wenden und ihm alle meine Sorgen überlassen. Das war es, worum ich gebeten hatte! Unter Tränen rief ich aus: »Du hast keine Ahnung, was mir das bedeutet.«

4

»Ich strampelte,
kämpfte und boxte«

Den Schutzengel willkommen heißen

»Ich fühlte mich wie auf einer emotionalen Achterbahn«

SENATOR DICK MOUNTJOY,
ehemaliger kalifornischer Senator und Abgeordneter

Im Herbst 1994 befand ich mich in einer ungewöhnlichen Lage. Ich war 17 Jahre lang kalifornischer Abgeordneter gewesen und stellte mich gerade zur Wiederwahl, als ein Sitz im kalifornischen Senat frei wurde. Da ich lieber im Senat arbeiten wollte, bewarb ich mich um den Sitz. Dummerweise hinderte mich eine gesetzliche Bestimmung daran, mein Mandat als Abgeordneter aufzugeben, und so musste ich mich gleichzeitig für beide Posten bewerben.

Es war ein schwieriger und unangenehmer Wahlkampf. Anderthalb Millionen Dollar flossen in eine Kampagne, die darauf abzielte, meine Wahl in den Senat zu vereiteln. Aber trotz der Kampagne gewann ich am Schluss beide Sitze.

Der Umstand, dass ich Anspruch auf beide Posten hatte, erwies sich für meine Partei, die Republikaner, als Glücksfall. Im Repräsentantenhaus hatten die Republikaner die Mehrheit errungen, die vorher bei den Demokraten gelegen hatte, und nun wollten sie den demokratischen Sprecher des Hauses abwählen. Mithilfe meiner Stimme war das möglich. Ich erklärte mich einverstanden, mein Mandat bis zur Abwahl des Sprechers zu behalten, um es anschließend abzugeben und meinen Posten im Senat zu übernehmen. Ich ging davon aus, dass alles innerhalb einer Woche erledigt sein würde.

Aber es kam anders. Einer der republikanischen Abgeordneten hielt sich nicht an die Fraktionsdisziplin, sodass die Abstimmung über die Abwahl des Sprechers unentschieden ausging und der Sprecher im Amt blieb.

Was dann geschah, war schwierig und unvorhergesehen. Die Sache kehrte sich gegen mich. Die Demokraten im Repräsentantenhaus beschlossen, mich aus dem Parlament auszuschließen, während man im Senat Anstalten traf, meine Wahl in den Senat für ungültig zu erklären. Auf diese Weise hätte ich beide Posten verloren.

Es war eine Zeit in meinem Leben, in der ich wusste, dass ich mich zwar richtig verhielt, ohne jedoch einschätzen zu können, was passieren würde. Ich befand mich mitten in einem Sturm und fühlte mich wie auf einer emotionalen Achterbahn. Aufgrund des Aufruhrs in meinem Kopf konnte ich mich kaum konzentrieren. Es war eine nervenaufreibende Zeit, weil ich nicht wusste, wie meine Zukunft aussehen würde.

Man hatte mir geraten, mich vom Regierungsgebäude fernzuhalten, denn sobald ich anwesend war, konnten die Demokraten eine Sitzung einberufen und mich aus dem Repräsentantenhaus wählen. Trotz dieser Gefahr beschloss ich hinzugehen. Es war ein hektischer Tag, und der runde Eingangssaal war voller Leute. Es gab kaum ein Durchkommen. Während ich durch den Saal ging, fiel mein Blick auf die nach Norden gelegenen Türen, und ich sah, wie sich eine Frau ihren Weg durch die Menge bahnte. Als ich Augenkontakt mit ihr aufnahm, hatte ich den Eindruck, dass sie auf mich zukam. Mit ihrem sandfarbenen Haar und ihrem sanften Gesicht sah sie nicht besonders auffällig auf. Sie trug nichts bei sich, nicht einmal eine Handtasche. Sie kam direkt auf mich zu und fragte: »Wie heißen Sie?« Ich antwortete: »Ich heiße Dick.« Sie erwiderte: »Ich soll für Sie beten. Ist das hier an Ort und Stelle möglich?« Und ich hörte mich zu ihr sagen: »Ich glaube, das ist eine gute Idee.«

Sie legte mir die Hand auf die Schulter und fing in dem Saal voller Leute an zu beten. Ich weiß nicht mehr, was sie sagte. Die Menschen liefen hin und her, und erstaunlicherweise wurden wir von niemandem angerempelt oder auch nur gestreift. Nach fünf Minuten drehte sie sich einfach um und ging. Ich hatte keine Gelegenheit, ihr zu danken oder irgendetwas zu sagen.

Ich beendete meinen Gang durch den Saal und ging die Stufen zu meinem Büro hinunter. Als ich die Hand aufs Geländer legte, wurde mein Körper von einem Gefühl der Wärme durchflutet, wie es auftritt, wenn man in einem Zug ein Glas Alkohol trinkt. Und zugleich stellte sich ein Gefühl von Frieden ein.

Ich ging in mein Büro, rief meine Frau an und sagte: »Die Probleme sind ausgeräumt. Alles wird gut.« Dann verkündete ich meinem Stabschef, dass alle meine Sorgen verschwunden waren.

Ein Monat mit politischem Auf und Ab folgte, und ich behielt meine Sorglosigkeit, selbst als der Sprecher des Hauses eine Sitzung einberief, um mich aus dem Repräsentantenhaus auszuschließen. Als ich an diesem Abend in den Plenarsaal ging, sagten die anwesenden Zeitungsreporter: »Für jemanden, der im Begriff ist, sein Mandat zu verlieren, wirken Sie kein bisschen nervös.« Meine Antwort war, dass alles gut werden würde. Am selben Abend gab es eine Abstimmung, und ich verlor meinen Sitz.

Als ich zum Parkhaus ging, um mein Auto für den Heimweg zu holen, informierte mich der Parkwächter, dass ich einen Anruf erhalten hatte. Es war der derzeitige Senatspräsident. Er sagte: »Kommen Sie bitte morgen früh vorbei. Wir werden Ihnen einen Sitz im Senat geben.« Meine Wahl wurde nicht annulliert, und am nächsten Tag war ich Senator.

Von dem Augenblick an, als die Fremde für mich gebetet hatte, machte ich mir keine Sorgen mehr. Es war ein unbeschreibliches Gefühl, unfassbar und echt. Ich werde es nie vergessen. Seitdem bin ich dankbar und weiß, dass es einen Gott gibt.

»Ein Mann stieg aus dem Wagen«

SARAH PIERSON, *pensionierte Röntgentechnikerin*

Als meine Zwillingstöchter acht Jahre alt waren, fuhr ich sie zu einem Schulfest. Da der Parkplatz bei unserer Ankunft schon voll war, parkte ich meinen Mini-Van auf der Straße. Als ich aus dem Auto stieg, fing eines der Mädchen an zu schreien. Ich lief um das Auto herum und sah, dass ihre Hand in der Schiebetür des Wagens eingeklemmt war, weil ihre Schwester versehentlich die Tür zugemacht hatte.

Verzweifelt versuchte ich, die Tür zu öffnen, aber sie rührte sich nicht. Ich schaute mich nach Hilfe um. Ich zog und zog und zog, doch die Tür gab nicht nach. Niemand war in der Nähe – alle befanden sich auf dem Schulfest. Ich war völlig außer mir. Ich wollte das weinende Kind mit seinen Schmerzen und der in der Tür eingeklemmten Hand nicht allein lassen, aber ich wusste, dass es sich nicht vermeiden ließ, wenn ich Hilfe holen wollte.

Gerade als ich loslaufen wollte, ging die Tür auf, und ein Mann stieg aus dem Wagen. Er stieg einfach aus und ging weg. Ich weiß nicht, woher er kam oder wie er unbemerkt in das Auto gelangt war. Während ich meine Tochter in die Arme schloss, ging er einfach wortlos an mir vorbei. Ich fand weder seinen Namen noch sonst etwas über ihn heraus. Er löste sich einfach in Luft auf.

Es war ein seltsames, surreales Gefühl. Nach dem Zwischenfall wollte ich dem mysteriösen Helfer danken, der wie aus dem Nichts gekommen war. Inzwischen bin ich mir sicher, dass es ein Engel oder Gott selbst in Gestalt eines Mannes war.

»Wonach suchen Sie?«

JEFF KRIEGER, *Raumfahrtmanager*

Eine Geschäftsreise führte mich nach Melbourne in Florida. Ich war zum ersten Mal dort. Eine Gruppe von uns traf sich in einer Hotellobby, und wir beschlossen, in einem bestimmten Restaurant, das zehn Minuten entfernt lag, gemeinsam essen zu gehen. Da ich in einem anderen Hotel übernachtete, entschied ich mich, direkt mit meinem Mietwagen zum Restaurant zu fahren.

Aber schon bald musste ich feststellen, dass ich mich verirrt hatte. Eine halbe Stunde lang kurvte ich auf der Hauptstraße hin und her, frustriert und wütend auf mich selbst. Das Ganze war mir auch peinlich, da anzunehmen war, dass alle anderen inzwischen eingetroffen waren und ihr Essen bestellt hatten.

An einer Ampel musste ich halten. Es war dunkel, und ich wollte schon aufgeben, als ich eine für mich ganz untypische Bitte äußerte: »Gott, bitte hilf mir, das Restaurant zu finden.« Bei einem Blick aus dem Seitenfenster stellte ich fest, dass ein älterer Herr im Auto nebenan gestikulierte, um meine Aufmerksamkeit zu erregen. Ich kurbelte die Scheibe herunter, um herauszufinden, was er wollte. Zu meiner Überraschung fragte er mich, wonach ich suchte.

Ich erklärte ihm, dass ich nach einem Steakhaus suchte, aber vergessen hatte, wie es hieß. Er sagte mir, ich solle an der Ampel rechts abbiegen und ihm einen knappen Kilometer folgen, dann sei es auf der linken Seite. Tatsächlich lotste er mich bis vor das Restaurant, deutete aus dem Fenster auf den Parkplatz und winkte mir zum Abschied zu.

Ich saß etwa eine Minute im Auto, um mich zu sammeln, bevor ich mich zu meinen Kollegen setzte. Für mich war das eine Bestätigung, dass Gott hilft, wenn man ihn bittet.

Dieser Vorfall ist nun schon mehrere Jahre her, und dennoch kommt er mir immer wieder in den Sinn als Beispiel dafür, wie Gott in unserem Leben wirkt.

»Ich strampelte, kämpfte und boxte«

ANNE BARTON, *Aushilfslehrerin*

Mit vierzehn fuhr ich mit meiner Spanischklasse übers Wochenende nach Camp Warnecke, das direkt am Fluss in New Braunfels, Texas, liegt. Die Woche davor hatte es stark geregnet, sodass der Fluss angeschwollen und die Strömung stärker als gewöhnlich war. Wir bliesen unsere mitgebrachten Autoschläuche auf und setzten sie ins Wasser. Dann ließen wir uns den Fluss hinuntertreiben und bahnten uns dabei einen Weg durch die Felsen und natürlichen Stromschnellen. Wenn wir durch die Stromschnellen flussabwärts getrieben waren, kletterten wir an der Stelle, wo die Felsen endeten, aus dem Wasser, gingen zum Ausgangspunkt zurück und wiederholten das Ganze.

Nach mehreren Wiederholungen fragte ich meine Freundin, ob sie sich zutraue, auch ohne Schlauch durch die Stromschnellen zu schwimmen. Sie bejahte, und los ging es. Getragen von der Strömung, glitten wir zwischen den Felsen entlang.

Ich war vor ihr und wurde, als ich das Ende der Stromschnellen erreichte, in den Hauptteil des Flusses befördert, der mit hoher Geschwindigkeit dahinfloss. Plötzlich ragte vor mir eine 15 Meter hohe Betonwand auf, an der der Fluss eine Biegung machen musste. Vor der Wand hatte sich ein riesiger Strudel gebildet, und ehe ich mich versah, wurde ich von ihm erfasst und ging unter. Ich strampelte, kämpfte und boxte mich mit aller Macht an die Oberfläche. Ich weiß nicht, wie lange ich unter Wasser war, bis ich plötzlich mit den Händen einen Halt fand. Ich packte zu, zog mich hoch und befand mich in der Mitte eines Autoschlauchs. Als ich mich umschaute, sah ich niemanden außer meiner Freundin, die stromaufwärts wohlbehalten auf einem Felsen saß und weinte. Der Schlauch schien aus dem Nichts gekommen zu sein.

Nachdem ich mich ans Ufer zurückgekämpft hatte und aus dem Wasser gestiegen war, schaute ich noch einmal nach links und nach rechts. Das Ufer war menschenleer, aber ein Stückchen weiter entfernt standen Menschen. Plötzlich teilte sich die Menge, und ein Mann kam auf mich zu. »Das ist mein Schlauch«, sagte er ruhig. »Ich habe dich beobachtet und dachte, du könntest in Schwierigkeiten kommen. Ich habe zwei Schläuche geworfen. Der erste hat dich verfehlt. Der zweite ist über deinen Händen gelandet.«

Ich gab ihm den Schlauch zurück, bedankte mich, und er drehte sich einfach um, ging weg und verschwand in der Menge.

»Nimm den harten Job für weniger Geld«

KATHRYN POINDEXTER, *Kampagnenmanagerin*

Ich studierte im letzten Semester am College und wusste nicht, was ich nach dem Examen machen sollte. Ich hatte mich beworben, war zu Vorstellungsgesprächen eingeladen worden und hatte ein sehr interessantes Angebot von einer gemeinnützigen politischen Organisation bekommen. Aber es war ein harter Job. Ich würde nach Washington, D.C., ziehen und gegen schlechte Bezahlung mindestens siebzig Stunden pro Woche arbeiten und Kampagnen vorbereiten müssen. Ich wusste nicht, ob ich die Arbeit mit einem so geringen Gehalt annehmen sollte.

Ich schob meine Entscheidung auf und stellte mich bei einer Installationsfirma vor. Dort bot man mir eine 50-Stunden-Woche mit einem Gehalt an, das ungefähr doppelt so hoch war wie das, was mir die gemeinnützige Organisation angeboten hatte. Aber ich würde Installationsbedarf verkaufen, etwas, was mir sehr langweilig vorkam.

Als die Vertreterin der Installationsfirma bei einer Firmenpräsentation über die Arbeitszeit und die Leistungen sprach, wiederholte sie ständig: »Sie müssen den harten Job für weniger Geld nehmen, und das wird sich langfristig auszahlen.«

Sie wollte damit Leute für ihre Firma anwerben, aber das Einzige, was ich hörte, war: »Arbeite für die gemeinnützige Organisation.« Ich hörte es immer wieder.

Mir ist der Spruch vertraut: »Gott spricht durch andere Menschen«, und genau das habe ich erlebt. Ich hörte nur, dass sie wieder und wieder sagte: »Sie müssen den harten Job für weniger Geld nehmen.« Da wusste ich, dass ich darauf hören sollte. Ich wusste ohne jeden Zweifel, dass ihre Worte mir galten und eine wichtige Botschaft enthielten.

Also nahm ich die Stelle bei der gemeinnützigen Organisation an. Ich begann mit sehr wenig Geld und arbeitete mehr als je zuvor in meinem Leben. Diese Entscheidung hat es mir möglich gemacht, mich konstruktiv für die Geschicke der Welt einzusetzen, eine Chance, die ich nicht gehabt hätte, wenn ich Installationsbedarf verkaufen würde.

Ich habe das Logo der Installationsfirma immer noch an meinem Schlüsselbund, um mir in Erinnerung zu rufen, dass es einen Plan für meine Existenz gibt.

»Gott ist in dir«

DAVE HURLEY, *Künstler und psychiatrischer Pfleger*

Im Jahre 1977 besuchte ich die Kunstschule in New York City. An einem wunderschönen Herbsttag saß ich mit einer Freundin draußen vor der Schule auf einer Parkbank und praktizierte dabei unbemerkt eine Yoga-Atemmeditation.

Bei der Meditation folgte ich dem Fluss meines Atems durch zwei Energiezentren, mein Kronen- und mein Herzchakra. Ich atmete in mein Herzchakra, öffnete mein Herz dem Universum und schickte den Atem aus dem Kronenchakra hinauf zu Gott. Anschließend wiederholte ich das Ganze in umgekehrter Richtung. Ich atmete die göttliche Energie ein und schickte sie als Mitgefühl wieder hinaus. Um ganz ehrlich zu sein, funktionierte es die meiste Zeit nicht. Doch als ich mich an dem Tag damals auf den gegenwärtigen Augenblick konzentrierte, öffneten sich die Energiezentren, und ich erlebte einen Zustand der Gnade, der unglaublich einfach zu erreichen war. Es funktionierte!

Mein meditativer Zustand schien Leute anzuziehen. Man weiß, wie ansteckend Glück ist. Unbekannte schlenderten auf uns zu und fingen ein Gespräch an. Schließlich löste sich eine ältere Frau aus der Schar der Passanten, ging auf mich zu und legte ohne Umschweife eine Hand auf mein Herz und die andere oben auf den Kopf, während sie mit den Worten »Gott ist in dir, Gott ist in dir« ziemlich kraftvoll mit beiden Händen auf die Energiezentren zu klopfen begann. Lachend sagte ich: »Woher wissen Sie, dass Gott in mir ist?« Sie antwortete: »Ich weiß es. Ich weiß mehr, als Sie denken.«

Als meine Freundin den Wortwechsel mit einem eigenartigen Blick bedachte, wandte sich die Fremde ihr zu und meinte: »Sie müssen sich keine Sorgen machen; Ihr Mann wird für Sie sorgen.« Ich warf ein: »Aber muss die Frau nicht auch für den Mann sorgen?« »Sicher«, sagte sie. »Ihre Frau sorgt für Sie.« »Soll das heißen, dass ich eine Frau habe?« »Ja«, erwiderte sie. »Sie haben eine Frau.« Und damit ging sie.

Wie sich herausstellen sollte, hatte die Fremde recht. Ich hatte gerade eine Frau kennengelernt, die ich später heiratete. Neulich haben wir unsere Silberhochzeit gefeiert.

»Er terrorisierte mich«

KATHLEEN EBERLY, *Gemeindehelferin*

Weihnachten 1992 war eine sehr düstere Zeit für mich. Ich war mit einem Alkoholiker verheiratet, der mich schwer misshandelte. Während ich den ganzen Tag arbeitete, tat mein Mann nichts. Abends terrorisierte er mich, indem er mich und meine Haustiere mit Gewehren und Messern bedrohte.

Ich hatte ein schwieriges Jahr hinter mir, in dem ich einige mir nahestehende Menschen verloren hatte. Mein Mann hatte eine meiner Katzen getötet, und nun war auch noch meine Katze Bud todkrank, und ich wusste innerlich, dass mein Mann schuld daran war.

Eines Abends erfuhr ich, dass mein Neffe bei einem schweren Unfall durch die Windschutzscheibe seines Autos geschleudert worden war und sich dabei schwerste Gesichtsverletzungen zugezogen hatte. Da er für mich wie ein Bruder war, fuhr ich eilig zum Krankenhaus, um an seiner Seite zu sein.

Als ich nach Hause kam, eröffnete mir mein Mann, dass Bud verendet war. Das brachte das Fass zum Überlaufen, und ich drehte durch. Ich begann den Weihnachtsschmuck zu zertrümmern und lief schluchzend in den Schnee hinaus.

Während ich draußen saß und mir die Augen aus dem Kopf weinte, tauchte wie aus dem Nichts eine Frau auf und legte den Arm um mich. Als sie das tat, spürte ich eine nie gekannte Wärme.

Sie brachte mich ins Haus und tröstete mich weiter. Ich erzählte ihr von meinen Eheproblemen – dass ich meinem Mann die Schuld am Tod meiner Katze gab und mich scheiden lassen oder meinem Leben ein Ende machen wollte.

Sie sagte, beides sei nicht richtig. Mein Mann sei Teil von Gottes Plan, und da höhere Kräfte am Werk seien, müssten wir zusammenbleiben. Mir das Leben zu nehmen solle ich mir völlig aus dem Kopf schlagen. Das sei nicht Gottes Wille, und ich solle ihm vertrauen.

Bud, so fuhr sie fort, sei gestorben, um den Platz für eine andere Katze frei zu machen, und ich würde in ein paar Tagen eine neue Katze bekommen, denn Gott wisse um meine Tierliebe. Sie betete mit mir, wischte mir die Tränen ab und ging.

Ich hatte diese Frau noch nie zuvor in meinem Leben gesehen und sah sie nie mehr wieder. Sie gab an, in der Nähe Unterricht zu nehmen, aber niemand kannte sie an dem Ort, den sie mir genannt hatte. War sie ein Schutzengel? Ich glaube schon.

Dieser Abend bildete den Wendepunkt in meinem Leben, denn von da an war ich mir vollkommen sicher, dass Gott mich liebte. Ich habe den Rat der Frau befolgt, und im Nachhinein weiß ich, warum sie mir diese Botschaft gab.

Wenige Tage nach der Begegnung hielt ich tatsächlich eine andere Katze im Arm. Und obwohl mein Mann mich weiterhin schlecht behandelte, blieb ich bei ihm. Es war außerordentlich schwierig, mit ihm zu leben, aber dadurch dass ich blieb, geschah ein Wunder. Ich wurde mit einem wunderschönen Sohn gesegnet, obwohl ich nach Auskunft der Ärzte keine Kinder bekommen konnte. Dennoch hielt die schlechte Behandlung an und wurde im Laufe der Zeit noch schlimmer. Schließlich erkrankte mein Mann an einer Leberzirrhose. Als er mich vor unserem Kind mit einem Messer bedrohte, hielt ich es nicht länger aus, packte meine Sachen und zog aus. Dennoch bedrohte er mich weiter, obwohl ich eine Verfügung gegen ihn erwirkte.

Als ich eines Abends glaubte, es keinen Tag länger mehr aushalten zu können, betete ich verzweifelt zu Gott: »Ich kann nicht mehr. Übernimm du es.«

Am nächsten Tag erfuhr ich, dass mein Mann tot war. Er war in dem Augenblick gestorben, als ich Gott um Hilfe angefleht hatte.

Gott hat mich seither vielfach beschenkt. Wenn ich nicht bei meinem Mann geblieben wäre, hätte ich nicht dieses wunderbare Kind, das mir so viel Freude bereitet. Inzwischen arbeite ich in meiner Kirchengemeinde als Frauenberaterin. Ich bin dankbar für das Leid, das ich erlebt habe, denn ohne es wäre ich nicht imstande, anderen Frauen zu helfen.

»Kein Mensch hätte so schnell verschwinden können«

ED CWYNAR, *Forschungschemiker*

Drei Wochen, bevor meine Mutter an einer seltenen Krankheit – der Amyloidose – starb, schickte sie mich in die Stationsküche des Krankenhauses, um Tee und Eiscreme für sie zu besorgen. In der Küche hielten sich zwei Krankenschwestern und ein Patient auf, ein älterer Herr, der einen mobilen Infusionsständer vor sich herschob, an dem mehrere Flaschen hingen.

Die Krankenschwestern wärmten hinten in der Küche Essen in einer Mikrowelle auf. Da ich schon den vierten Tag ins Krankenhaus kam, kannte ich sie vom Sehen und wollte mit ihnen ein Gespräch anknüpfen, aber sie beachteten mich nicht. Da fing der Mann mit mir zu plaudern an. Er sagte, sein Name sei Abner. Nachdem wir uns etwa drei Minuten unterhalten hatten, öffneten die Schwestern die Mikrowelle und verschwanden eilig mit dem Essen.

»Für die heutigen Zeitgenossen sind einige Menschen einfach Luft«, meinte Abner, und ich lachte leise. Dann erzählte er mir, dass er meine Mutter besucht hatte. Nachdem wir uns noch zehn Minuten unterhalten hatten, ging er.

Als ich wieder bei meiner Mutter war, brachte ich das Gespräch auf Abner und erwähnte, dass er gesagt hatte, er habe sie schon zum vierten Mal in dieser Woche besucht und kenne sie seit ihrer Kindheit. Sie wusste jedoch nicht, von wem die Rede war, und ihr fiel niemand aus ihrem Bekanntenkreis ein, der Abner hieß. Als ich kurze Zeit später durch die Station ging, auf der die Herz- und Krebspatienten lagen, konnte ich ihn nirgends finden. Ein paar Tage später fragte ich die Schwestern, ob ihnen ein Patient bekannt sei, der mit Vor- oder Nachnamen Abner hieße, doch niemand kannte ihn.

Nach einer Woche verschlechterte sich der Zustand meiner Mutter. Wie ihr Onkologe vorhergesagt hatte, begann die Amyloidose kurz vor ihrem Tod die Blut-Hirn-Schranke zu durchbrechen und störte ihre Kommunikationsfähigkeit. Sie hatte Probleme, sich verständlich zu machen, denn alles, was sie sagte, bedeutete in Wirklichkeit etwas anderes.

An einem dieser Tage brachte ich sieben Stunden damit zu, ihre neue »Sprache« zu entschlüsseln und mir ihre Bedeutung zu notieren. Erschöpft wollte ich eine Pause einlegen, bevor mein Bruder zu seinem allabendlichen Besuch kam, und ging in die Stationsküche, um mir eine Fertigsuppe und etwas zu trinken zu holen. Als ich die Suppe in der Mikrowelle erhitzte, tauchte Abner auf. Ich berichtete ihm, dass ich die ganze Woche nach ihm Ausschau gehalten hatte, ohne ihn zu finden. »Ich musste andere Freunde besuchen«, sagte er und hielt inne. »Aber ich bin jeden Tag bei Ihrer Mutter vorbeigekommen, manchmal dreimal am Tag.« »Wer sind Sie?«, fragte ich. »Abner!«, erwiderte er. »Ich weiß, dass Sie Abner heißen«, antwortete ich. »Aber wer sind Sie?«

In diesem Augenblick wusste er, dass ich ihn erkannt hatte. Ich hatte begriffen, dass er ein Himmelsbote war. »Ihrer Mutter bleibt nicht mehr viel Zeit … ich weiß nicht, wie lange noch. Machen Sie sich keine Sorgen. Ich habe sie schon als Kind beschützt, und jetzt bin ich da, um sie nach Hause zu holen, wenn es so weit ist.« Ich ergriff seinen Arm, der sich wie ein normaler Arm aus Fleisch und Blut anfühlte. »Jetzt weiß ich, dass es Sie wirklich gibt«, sagte ich.

Als er sich zum Gehen wandte, hatte er Mühe, mit all den Medikamentenflaschen an seinem Infusionsständer durch die Tür zu kommen. Gerade als die Tür ins Schloss fallen wollte, ergriff ich den Knauf und verließ die Küche etwa eine halbe Sekunde nach ihm. Als ich den Gang hinunterschaute, war er nirgends zu sehen, und es war kein Laut zu hören. Kein Mensch hätte sich so schnell in Luft auflösen können. Ich hatte also recht!

Dieses Erlebnis bestärkte mich in meinem Glauben und gab meinem Leben eine neue Richtung. Für mich war es ein Fingerzeig Gottes, dass ich spiritueller werden und meine irdische Gesundheit nicht so hoch wie meine spirituelle Gesundheit einschätzen sollte.

»Er hatte vergessen, loszulassen«

LAURIE SWISTAK, Grundschullehrerin

rgendwann im September 1986 fuhren meine Eltern und ich mit meinen beiden Kindern Patrick, knapp drei, und Brian, siebeneinhalb, in ein großes Einkaufszentrum. Während meine Eltern auf Patrick aufpassten, ging ich mit Brian in einen Spielzeugladen.

Als ich aus dem Laden kam, waren meine Eltern sichtlich verstört. Mit Tränen in den Augen berichtete mir mein Vater, was passiert war.

Patrick hatte unten neben der Rolltreppe gestanden und seine beiden Hände auf das Geländer gelegt. Irgendwie hatte er vergessen loszulassen, wurde erfasst und nach oben getragen, während sein Körper seitlich herunterhing.

Mein Vater rannte sofort hinterher, um ihm zu helfen. Inzwischen baumelte Patrick auf halber Höhe sechs Meter über dem Marmorboden. Bevor mein Vater ihn packen konnte, beugte sich eine ganz in Schwarz gekleidete Frau über das Geländer, brachte Patrick in Sicherheit und übergab ihn meinem Vater, der ihn fest an sich drückte. Als er hochschaute, um ihr zu danken, war sie fort.

Damals hatten wir gerade einen Operationstermin für

Patrick vereinbart, weil er einen Herzfehler hatte. Angesichts der bevorstehenden Tortur, die im November stattfinden sollte, waren wir in großer Sorge. Ich glaube, Gott wusste, dass ich vor der Operation eine Bestätigung brauchte, dass alles gut werden würde.

Schon in den drei Jahren davor hatten wir Gottes Beistand eindrucksvoll zu spüren bekommen. Als Patrick fünf Monate alt war, stellten die Ärzte bei mir einen Gehirntumor fest, und vier Monate danach erlitt mein Mann einen Herzanfall. Wegen der panischen Angst, dass wir unser Kind verlieren könnten, brauchten wir einen weiteren Beweis von Gottes Liebe und Fürsorge. Der Zwischenfall mit der Rolltreppe ereignete sich, noch bevor ich überhaupt in meinem Glauben und Vertrauen wankend werden konnte. Gott lässt uns auf unseren Wegen innehalten und hebt unseren Blick sanft zu sich empor.

5

»Dein Glaube hat dir geholfen«

Heilung empfangen

»Ich begann ins Innere der Menschen zu schauen«

TOM CLAUSEN, *Heiler*

Mit zwanzig hatte ich einen schweren Verkehrsunfall. Von einem Ort der Liebe blickte ich auf das Ärzteteam herab, das sich im Operationssaal hektisch und grob um meinen leblosen Körper bemühte. Begleitet von einem unaussprechlich schönen, unsichtbaren Wesen stand ich vor der Wahl, ob ich bleiben oder in meinen Körper zurückkehren wollte. Da erhielt ich die Botschaft, dass mich noch Aufgaben erwarteten. Als ich ein paar Tage später das Bewusstsein wiedererlangte, sagten mir die Ärzte, ich sei klinisch tot gewesen und könne von Glück reden, dass ich noch lebte.

Ich tat mein Erlebnis als Traum ab, bis ein Ereignis 21 Jahre später mein Leben unwiderruflich veränderte. Ich arbeitete als Ausbilder in einem Bergbauunternehmen und hatte beschlossen, mir ein paar Tage freizunehmen und auf Goldsuche zu gehen. Von meinem Vater hatte ich erfolgreich gelernt, wie man mit Wünschelruten Wasser und Metalle aufspürt. Ich brach auf, fand einen Platz, wo ich mein Zelt aufbaute, und marschierte los.

Als ich mithilfe meiner Wünschelruten einer alten, zugewucherten Piste folgte, verließen mich aus heiterem Himmel meine Kräfte. Es war, als hätte eine Bombe in meinem Kopf eingeschlagen. Nach einem Lichtblitz und einer Explosion wurde ich zu Boden gestreckt und hatte das Gefühl, von einem riesigen Gewicht niedergedrückt zu werden.

Schließlich schaffte ich es zu meinem Zelt zurück – wo ich eine Woche lang schlief und nur aufstand, um etwas zu essen und meine Notdurft zu verrichten. Jedes Mal, wenn ich aufwachte, hatte ich das starke Bedürfnis, zu beten und mich ganz in irgendein Gefühl des Göttlichen zu versenken. Es war seltsam, denn bis dahin hatte mich Religion überhaupt nicht interessiert. Ich glaubte vage an einen göttlichen Geist oder etwas Gutes im Menschen, aber es war ein ziemlich oberflächlicher Glaube.

Als ich nach Hause zu meiner Familie zurückkehrte, hatte ich immer noch das starke Bedürfnis zu beten. Ich ging zur Kirche, nahm an einer Männergebetsgruppe teil und las die Bibel. Ich konnte nicht genug davon bekommen.

Meine Tätigkeit im Bergwerk wandelte sich allmählich, und ich kümmerte mich immer mehr um Menschen – in Form von Beratung, Sicherheitstraining und Erster Hilfe. Ich begann auch, ehrenamtlich für ein Football-Team zu arbeiten und verletzten Spielern zu helfen. Meistens verband ich die Spieler oder massierte sie einfach. Dabei geschah etwas Merkwürdiges. Die Leute wurden rascher gesund als gewöhnlich, ohne dass ich angeben konnte, warum. Ich wusste nur, dass es nichts mit mir zu tun hatte! Ich erlangte die Fähigkeit, ins Innere der Menschen zu schauen und ihre körperlichen Probleme und deren seelische Auslöser zu sehen. Das sprach sich herum, und schon bald standen fast jeden Abend und an Wochenenden Menschen vor meiner Tür und baten um eine Behandlung.

Um herauszufinden, was da in mir vorging, zog ich irgendwann vom Land in die Stadt. Aber ich fand keine Antwort. Erst als ich schließlich zu Gott sagte: »Gott, du hast mir diese Gabe gegeben, also musst du mich jetzt auch lehren«, machte ich mich von anderen Heilungsansätzen frei und ließ mich von der Energie selbst leiten.

Ich glaube an die Existenz einer Energie. Ich zögere, sie Gott zu nennen, aber es gibt eine allumfassende Energie, die allwissend und allgegenwärtig zu sein scheint und alles lenkt. Ich lebe mein gesamtes Leben in ihr.

Nachdem ich mich in den letzten 18 Jahren als Kanal für die Heilenergie zur Verfügung gestellt habe, weiß ich, dass das Ungewöhnliche etwas Normales ist. Die vielen aussichtslosen Fälle, in denen Heilung stattfand – bei Mensch und Tier, Land und Wetter oder wo auch immer –, haben mich über alle Zweifel erhaben davon überzeugt, dass eine Energie, eine Energie der Liebe, den Menschen zur Verfügung steht.

»Sie weigerte sich, aus dem Leben zu gehen«

MICHAEL TRUSLOVE, *Unternehmensleiter*

Nachdem meine Frau Georgia vierzig Jahre lang Antidepressiva in Verbindung mit anderen starken Medikamenten genommen hatte, war ihre Leber so stark angegriffen, dass es zu einem Organversagen kam. Nach Angabe des Arztes waren ihr Gehirn und weitere Organe so irreversibel geschädigt, dass sie nur noch wenige Stunden zu leben hatte.

Ich rief unsere beiden Söhne an, die mit dem Flugzeug anreisen mussten, um mit ihnen zu besprechen, ob sie gleich oder erst zur Beerdigung kommen wollten, und begann, mich ins Unvermeidliche zu fügen.

Inzwischen benachrichtigte meine Mutter alle ihre Freunde, die (im Gegensatz zu mir) eifrige Kirchgänger waren. In jeder Kirche, Synagoge und Moschee unseres Landesteils wurde für meine Frau gebetet. Ich glaubte an einen Gott, der nicht eingreift, aber meine Mutter war gegenteiliger Meinung.

Als meine Frau bewusstlos im Sterbezimmer des Krankenhauses lag, weigerte sie sich, aus dem Leben zu gehen. Zehn Tage später wurde sie entlassen. Ihre Organe hatten sich erholt, und das Gehirn war nicht geschädigt.

Meiner Ansicht nach ist das den vielen Gebeten zu verdanken, die Menschen aller Religionen – Freunde und Unbekannte – für sie sprachen. Ich danke dem Himmel, dass meine Frau wieder bei mir ist und es ihr besser geht denn je. Ich glaube, vielleicht dachte er, ich würde ohne sie nicht zurechtkommen. Er hätte recht gehabt!

»Eine zehnprozentige Überlebenschance«

SARAH GREGSON, Mutter

Mein Baby war neun Tage überfällig. Da ich mir eine natürliche Geburt wünschte, hatte ich mich für ein Krankenhaus entschieden, in dem es dafür spezielle Geburtszimmer gab. Wenn der errechnete Geburtstermin überschritten war, machte man dort prinzipiell zuerst eine Routine-Ultraschalluntersuchung von der Plazenta. Mein eigener Arzt würde nicht da sein, aber ich ging davon aus, dass alles in Ordnung war.

Als ich im Krankenhaus ankam, untersuchte eine Ärztin sofort per Ultraschall, ob die Plazenta für ein natürliches Einsetzen der Wehen noch ausreichte. Danach beschloss sie, zusätzlich noch eine Ultraschallaufnahme vom Baby zu machen, die nicht zum Standardprogramm gehörte, doch da die Ärztin mich nicht kannte, wollte sie auf Nummer sicher gehen. Dabei stellte sie fest, dass das Kind einen Herzfehler hatte.

Sie rief ein Spezialistenteam zusammen, leitete die Wehen ein, und drei Stunden später kam meine Tochter Julia zur Welt. Sie wurde sofort auf die Neugeborenenstation gebracht und von einem Kardiologen aus der nahe gelegenen Kinderklinik untersucht, der sie in seine Klinik verlegen ließ.

Im Sprechzimmer erklärte uns der Chirurg, dass Julias Zustand kritisch war. Eine Herzklappe musste ausgetauscht werden, und angesichts dieses Befundes und einer zusätzlich geschädigten linken Herzkammer hatte sie nur eine zehnprozentige Überlebenschance.

Wir waren verzweifelt. Als jemand uns fragte, ob wir das Kind vor dem Eingriff taufen lassen wollten, stimmten wir zu.

Innerhalb weniger Stunden bildete sich ein riesiger Gebetskreis von England über die Vereinigten Staaten bis hin nach Australien. Wir beteten, als sich die Türen zum Operationssaal schlossen, und ich kann aufrichtig sagen, dass ich mich in einen Mantel der Liebe und des Friedens eingehüllt fühlte, als ich Julia Gott und den Ärzten übergab.

Die Operation verlief gut. Ob sie durchkam, hing nun nur von Julia und »dem da oben« ab, wie der Chirurg sagte. Zwölf Stunden später war sie außer Lebensgefahr, und das Personal auf der Intensivstation sagte, sie hätten noch nie eine so erstaunliche Erholung des Herzens erlebt.

Ich glaube, dass Gott von Anfang an seine Hand über Julia gehalten hat. Es fing damit an, dass ich in das Spezialkrankenhaus ging, obwohl mein eigenes Krankenhaus näher lag. Die Ärztin machte vorsichtshalber eine Ultraschallaufnahme vom Herzen. Hätte sie das nicht getan, wäre das Team der professionellen Herzchirurgen nicht zur Stelle gewesen. Letztlich sorgte eine Verkettung von günstigen Umständen dafür, dass ein ganzes Team von Experten da war, um ihr zu helfen.

Jeden Tag danke ich Gott für das, was er für Julia getan hat.

»Eine Hölle von Drogen und Prostitution«

DONNA MORALES, *Fürsorgerin*

Als Inzestopfer in der Kindheit war ich in meiner Jugend ziemlich verkorkst. Es war eine verwirrende Zeit. Mit vierzehn war ich sexuell aktiv, und mit sechzehn hatte ich eine Gonorrhöe. Ich brachte eine Woche im Krankenhaus zu und hing an tausend Schläuchen, weil die Infektion so schwer war. Was der Arzt mir sagte, ging mir sehr nahe: Er eröffnete mir, dass ich unfruchtbar sei und nie Kinder haben würde.

Mein Leben versank in einer Hölle von Drogen, die ich mit Prostitution finanzierte. Ich sah Freunde an einer Überdosis und Horrortrips auf LSD sterben. Das erschreckte mich so sehr, dass ich mich zu einem Drogenentzug entschloss. Es war ein kalter Entzug.

Danach wurde ich Alkoholikerin. Das Leben war dadurch nicht besser geworden. Mit achtzehneinhalb erschien mir mein Leben so wertlos, dass ich einen ernsthaften Selbstmordversuch unternahm, indem ich aus einem fahrenden Auto sprang.

Zwei Jahre später ging es mir wieder sehr schlecht. Neben starker Übelkeit litt ich unter einer Reihe weiterer Symptome. Ich ging zu dem Arzt, der meine Gonorrhöe behandelt

174

hatte, denn er hatte mir gesagt, durch die Gonorrhöe würde sich mein Risiko, an einem Gehirntumor zu erkranken, stark erhöhen. Ich war erst zwanzig und glaubte, dass mein Leben zu Ende war.

Nachdem der Arzt verschiedene Untersuchungen gemacht hatte, kam er mit meiner Karte in der Hand ins Sprechzimmer zurück und wirkte verwirrt. Er schaute mich an und sagte: »Frau Morales, Sie sind schwanger!«

Auf dem Heimweg ging ich in drei Kirchen und weinte vor Glück. Ich hatte das Gefühl, dass Gott mir alle Fehler vergeben hatte, die ich in meinem Leben begangen hatte.

Mein ältester Sohn ist inzwischen 36, mein zweiter Sohn 27, und ich habe eine 17-jährige Tochter. Meine allergrößte Freude sind die drei Enkelkinder, die meine Wunderkinder mir beschert haben.

»Von einem Lkw überfahren«

FELICE IZZARELLI, *spirituelle Beraterin*

Am Tag vor seinem zwölften Geburtstag spielte mein Sohn Joseph mit seinen Freunden draußen auf der Straße. Ich war im Haus und las gerade das Gebet des heiligen Franz von Assisi, als ich einen dumpfen Schlag hörte. Ich wusste nicht, was geschehen war, bis die Kinder zur Tür hereingelaufen kamen und riefen, Joseph sei von einem Lastwagen überfahren worden.

Beim Anblick meines Sohnes, der auf der Straße lag, hatte ich nur einen Gedanken: »Gott, mein Sohn ist in deinen Händen.« Ich wiederholte immer wieder stumm: »Dein Wille geschehe.«

Die Vorder- und Hinterräder des Lkws waren über Josephs Bauch gerollt, während sein Kopf von unten gegen die Karosserie geprallt war und eine Beule im Blech hinterlassen hatte. Ein Metallteil unter dem Lkw hatte überdies eine Wunde in sein Bein gerissen und den Knochen freigelegt.

Als sich der Unfall ereignete, schaute zufällig einer meiner Nachbarn aus dem Fenster. Dieser Mann hatte bereits Josephs Bein abgebunden, um die Blutung zu stillen, und seinen Fuß erhöht auf einen Eimer gelegt. Ich halte es nicht für einen Zufall, dass er da war und half. Gott schickt immer jemanden dorthin, wo Hilfe nötig ist.

Ich blieb bei Joseph, bat die Menschen darum, für seine Genesung zu beten, und lief dann los, um mich um den Mann zu kümmern, der meinen Sohn versehentlich überfahren hatte, und bat auch um Gebete für ihn.

Bis zu jenem Tag hatte ich immer gedacht, das Schlimmste, was mir in meinem Leben je widerfahren könnte, wäre, meinen Sohn zu verlieren. Jetzt sagte ich zu meinem himmlischen Vater: »Wenn es dein Ratschluss ist, dann geschehe dein Wille, und ich bin einverstanden.« Das war das Schwierigste, was mir je im Leben abverlangt wurde.

Das Team auf der Unfallstation tat für Joseph alles, was in seinen Kräften stand. Eine Computertomografie und eine Röntgenaufnahme erbrachten, dass Joseph sich nichts gebrochen und keine inneren Verletzungen erlitten hatte – nur Reifenabdrücke in der Magengegend in Form von schwarzblauen Blutergüssen. Für die Wunde am Bein, die nur knapp neben der Hauptschlagader lag, würde später eine Hautverpflanzung notwendig sein, aber Joseph war am Leben. Nach fünf Minuten Handauflegen gingen die Blutergüsse zurück, und wie durch ein Wunder waren nur noch die Reifenabdrücke sichtbar.

Am nächsten Morgen wachte mein Sohn auf und sang »Happy birthday«. Gott, ich danke dir! Ich weiß, dass viele Menschen an diesem Tag für Josephs Heilung beteten. Die Ärzte waren überrascht, wie schnell er wieder zu Kräften kam. Ich nicht. Ich wusste, dass Gottes Heilkraft am Werke war.

Am Ende brauchte Joseph nicht einmal eine Hautverpflanzung, und heute ist er wieder vollkommen gesund.

Durch dieses Erlebnis begriff ich, wie sehr die Not uns zusammenschweißt. Ich bekam Hilfe von allen Seiten: von Nachbarn, Ärzten, Sanitätern, der Feuerwehr und all den Menschen, die beteten. Gott möge sie alle segnen. Überdies lernte ich eine wertvolle Lektion. Ich hatte immer Angst, wie ich reagieren würde, wenn meinem Sohn etwas zustoßen würde. Jetzt ist diese Angst verflogen und hat der Liebe, dem Mut und der Stärke Gottes Platz gemacht, mit denen ich allen Dingen in meinem Leben begegne.

»Dein Glaube hat dir geholfen«

JACK GROSE, *Wartungstechniker*

Meine Frau Lesa litt ab Ende zwanzig unter Herzproblemen. Im College hatte sie Ohnmachtsanfälle mit einem Puls von 200. Nachdem ihr in den Dreißigern ein Herzschrittmacher eingepflanzt worden war, dachten wir, die Probleme seien damit gelöst. Sie blickte wieder zuversichtlich in die Zukunft und wollte das Leben genießen. Aber es sollte anders kommen. Mit 35 Jahren erlitt sie den ersten von drei Herzanfällen.

Im August 1999 stellten die Ärzte Spasmen der Herzkranzgefäße fest, einen genetischen Defekt, der schon andere Familienmitglieder dahingerafft hatte. Dabei verkrampfen sich die Arterien des Herzens, was eine Verminderung des Blutdurchflusses zur Folge hat. In Lesas Fall waren sämtliche Arterien des linken Herzens betroffen. Nach Auskunft des behandelnden Arztes handelte es sich um eine seltene Krankheit. Er hoffte zwar, sie durch Medikamente lindern zu können, aber es gab keine Heilung. Dann eröffnete er uns, dass die Anfälle häufiger und schwerer werden würden, bis einer davon schließlich tödlich enden würde.

Sieben Jahre später machte ich mich auf das Ende gefasst.

Lesa lag zum zweiten Mal innerhalb eines Monats auf der Intensivstation – derselben Station, auf der sie als Krankenschwester gearbeitet hatte. Sie war erst Anfang vierzig. Der Arzt, der die Diagnose gestellt hatte, hatte recht gehabt: Die Spasmen waren häufiger und schwerer geworden. Man verabreichte ihr Nitroglyzerin zur Erweiterung der Arterien und Morphine gegen den Schmerz. Während ich rund um die Uhr an ihrem Bett wachte, sah ich mit an, wie sie 18 Morphininjektionen und stündlich über hundert Mikrogramm Nitroglyzerin bekam – was einer Dosis von fünfzig Nitroglyzerintabletten pro Stunde unter der Zunge entspricht.

Als der Chefkardiologe Lesas Zimmer betrat und sie in diesem Zustand vorfand, kam er gerade aus dem Urlaub. Auch wenn er nicht glaubte, dass sie noch lange leben würde, wollte er mehr tun, als sie nur schmerzfrei zu halten. Er schaute an diesem Tag ein Dutzend Mal nach ihr, beriet sich mit anderen Ärzten und las alles über ihre Krankheit, was er finden konnte. Dann ließ er sie ins Indiana Heart Hospital nach Indianapolis verlegen, wo eine Herzkatheterisierung durchgeführt werden sollte, eine Untersuchung, bei der man klären kann, was los ist und ob noch eine Behandlung möglich ist.

Kurz nach ihrer Verlegung wurde Lesa von einer Krankenschwester und einem Pfleger in den OP geschoben, während Lesas Freundin Brenda für sie betete und ich ihr versicherte, dass ich sie liebte und sie wiedersehen würde. Man sagte uns, der Eingriff könne bis zu zwölf Stunden dauern.

Nach anderthalb Stunden kam der Arzt ins Wartezimmer und rief mich auf. Ich machte mich aufs Schlimmste gefasst, denn es war noch viel zu früh. Als er sagte, er müsse mit mir reden, dachte ich, es gehe um Leben oder Tod. Er bat alle, Angehörige und Freunde, sich in Lesas Zimmer einzufinden. Als ich eintrat, erwartete mich eine Überraschung, die ich nie vergessen werde. Meine Frau saß im Bett und lächelte mich an.

Der Arzt hatte nach eigenen Angaben mit starken Mitteln versucht, in Lesas Herz Spasmen auszulösen, doch ihr Herz hatte nicht anders als ein normales Herz reagiert. Es war hundertprozentig in Ordnung! Das teilte uns derselbe Arzt mit, der sie vorher untersucht hatte. Er hatte die früheren Herzkatheteraufnahmen mit den neuesten Bildern verglichen und fand keinerlei Übereinstimmung. Lesas Freundin Brenda wollte wissen, wie das denn möglich wäre. Lesa hatte all das Nitroglyzerin geschluckt – was schwerste Kopfschmerzen zur Folge gehabt hätte, wenn sie nicht krank gewesen wäre –, und nun war ihr Herz in Ordnung? Der Arzt wusste keine Antwort darauf. Da meinte Brenda: »Gott muss eingegriffen haben.«

Zuerst ging ich davon aus, dass der Arzt sich in der Diagnose und den Befunden geirrt hatte. Aber vor meinen Augen saß meine Frau und war offensichtlich schmerzfrei – ohne Nitroglyzerin und Morphine. Als ich aus dem Zimmer ging, um mit dem Arzt zu sprechen, bestätigte er mir noch einmal, dass alle früheren Herzkatheteruntersuchungen massive Probleme ergeben hätten, während ihre Arterien nun normal reagierten.

Komplett verwirrt kehrte ich in Lesas Zimmer zurück. Auf meine Frage, wie es ihr ging, antwortete sie: »Großartig.« Als sie aufstehen wollte, um zur Toilette zu gehen, bot ich ihr an, einen Toilettenstuhl zu holen, doch sie bestand darauf, ins

Bad zu gehen. Ich rechnete damit, dass die Schmerzen wiederkommen würden. Doch ich hatte mich geirrt.

Da erzählte sie uns, was geschehen war. Auf dem Weg zur Operation fing sie an, um Heilung zu beten. Sofort fühlte es sich für sie an, als liege ihr Körper in einer Wanne mit warmem Wasser, und ein Gefühl großen Friedens überkam sie. Sie spürte die Gegenwart Gottes, und da wusste sie, dass alles gut werden würde.

Zwei Tage später erfuhren wir, dass exakt zu dem Zeitpunkt, als Lesa in den OP gefahren wurde, eine ihrer Freundinnen einer anderen Freundin einen Vers aus Matthäus 9,22 gemailt hatte: »Da wandte sich Jesus um und sah sie und sprach: Sei getrost, meine Tochter, dein Glaube hat dir geholfen. Und die Frau wurde gesund zur selben Stunde.«

Heute arbeitet Lesa wieder in Vollzeit auf der Intensivstation. Wir fahren zusammen Motorrad und laufen viel mit unseren Hunden. Sie ist in einem Softball-Team und spielt bei jeder Gelegenheit Paintball. Es geht ihr blendend! Für mich gibt es keinen Zweifel, dass ihre Genesung ein Wunder war.

6

»Etwas sagte mir,
ich solle den Flug nicht nehmen«

Die Warnung akzeptieren

»Die Wohnung wäre beinahe abgebrannt«

CATHERINE WOOD, *Immobiliengutachterin*

Mein Mann und ich bewohnten 1994 eine kleine Eigentumswohnung in New Jersey. Ich hatte noch nie in meinem Leben einen Dampftopf benutzt, aber da wir einen zur Hochzeit geschenkt bekommen hatten, beschloss ich, ihn auszuprobieren und meinem Mann zum Abendessen etwas Leckeres zu kochen. Ich stellte den Dampftopf morgens auf die Küchenarbeitsplatte, bereitete die Zutaten vor, machte ihn an und ließ ihn vor sich hin garen, was mehrere Stunden in Anspruch nehmen würde. Ab und zu schaute ich nach ihm.

Kurz nach Mittag wurde ich müde und beschloss, ein Schläfchen auf der Couch zu halten. Als ich gerade gemütlich eingeschlafen war, hörte ich Sirenengeheul, das direkt vor meiner Haustür stoppte. Ich sprang auf, rannte zur Tür und schaute hinaus, aber da war niemand – weder Polizei, Feuerwehr noch ein Krankenwagen. Doch ich war mir sicher, dass ich die Sirenen gehört hatte, und sie waren laut gewesen.

Als ich mich umdrehte und einen Blick in die Küche warf, fiel mir auf, dass der Dampftopf glühte und im Begriff war, die Wand in Brand zu setzen.

Hätte ich die Sirenen nicht gehört, wäre die Wohnung vielleicht abgebrannt. Ich kann den Vorfall nicht logisch erklären, aber so war es.

Dieses Erlebnis hat mir ein tiefes Gefühl von Sicherheit und Geborgenheit gegeben, weil ich weiß, dass eine Macht, die größer ist als ich, über mich wacht.

»Ich drehte mich um meine eigene Achse«

JEAN SHARP, *Beraterin im Gesundheitswesen*

Ich wohne im Westen von New Jersey und pendle jeden Tag über die Autobahn 78 nach New York City zur Arbeit. Wenn kein Berufsverkehr herrscht, ist es eine recht harmlose Autobahn, in Stoßzeiten ist sie jedoch gefährlich.

Es war gegen zehn Uhr morgens, als ich an einem wunderbaren Herbstmorgen zur Arbeit fuhr. Ich hatte es nicht eilig und fuhr entspannt, weil wenig Verkehr herrschte und ich nicht unter Zeitdruck stand. Anders als gewöhnlich benutzte ich die rechte Spur und hielt mich an die vorgeschriebene Geschwindigkeit. Auf einmal merkte ich einen leichten Aufprall am Heck, und das Auto fing unvermittelt an, sich um seine eigene Achse zu drehen. Meine erste Sorge galt den Autos hinter mir. Würden sie imstande sein, mir auszuweichen, wenn ich über die Fahrbahn schleuderte? Ich fing an zu beten und bat Gott, mir ein Leben mit einer Behinderung zu ersparen. Lieber wollte ich gleich sterben.

Plötzlich merkte ich, wie ich, seitlich verkeilt in den Lkw, der auf mein Auto aufgefahren war, mit hundert Stundenkilometern unkontrolliert rückwärtsfuhr, während die Fahrertür wegflog.

Immer noch rückwärts kam das Auto schließlich von der Fahrbahn ab, raste in einen mit Bäumen bestandenen Streifen neben der Autobahn, rollte einen Abhang hinunter und krachte gegen einen Baum. Ich rechnete damit, dass der Benzintank explodieren würde. Aber nichts dergleichen passierte. Ungläubig schüttelte ich den Kopf und stieg aus. Ich war unversehrt geblieben (mit Ausnahme eines späteren Hautausschlags durch Giftefeu, der in mein Auto geflogen war). Etliche Menschen liefen den Abhang hinunter, um mich zu suchen. Die Polizei und die Autofahrer, die Zeugen des Unfalls geworden waren, konnten nicht fassen, dass ich ohne einen Kratzer davongekommen war.

In jeder Sekunde während des Unfalls war mir der Zusammenhang zwischen meinem Überleben und meiner Verbindung zu Gott bewusst. Ich fühlte mich nie stärker mit Gott verbunden als an jenem Tag. Ich weiß nicht, warum meine Zeit noch nicht gekommen war, aber ich weiß, dass Gott mich verschont hat, weil er noch etwas mit mir vorhat. Vielleicht ist es der Anfang dieses Weges, dass ich die Geschichte zum ersten Mal erzähle.

»Wir hatten kein Geld und konnten den Jungen nichts zu essen geben«

JANET DREWETT, *Berufsberaterin*

Mein Mann und ich betreuten als Heimeltern zwanzig Kinder von australischen Ureinwohnern, die in einem Wohnheim in der Stadt untergebracht waren, um zur Schule zu gehen. Wir bezogen ein bescheidenes Gehalt von einer privaten Organisation, während das Gebäude und alles, was dazugehörte, Eigentum des Staates waren und von ihm unterhalten wurden.

Jungen im Wachstum sind immer hungrig, und wir hatten Woche für Woche gerade so viel zu essen, dass es reichte. Ich improvisierte sämtliche Mahlzeiten und war voll und ganz auf den Herd angewiesen, um die Jungen satt zu bekommen. Eines Morgens streikte er, und ich konnte ihnen zum Frühstück nur Tee und Toast servieren. Nachdem die Servicetechniker gekommen und sich den Herd angeschaut hatten, nahmen sie ihn mit und kündigten an, ihn frühestens in zwei Tagen zurückzubringen. Ohne Herd waren wir aufgeschmissen, denn ich hatte nur Grundnahrungsmittel im Schrank. Wir hatten kein Geld und konnten den Jungen nichts Ordentliches zu essen geben. Also beteten wir. Wir

189

erzählten niemandem von unserem Dilemma – wir beteten einfach.

Als die Jungen aus der Schule kamen, gab es wieder nur Tee und Toast, da ich nicht kochen konnte. Die Jungen warteten auf mehr, aber wir konnten ihnen nicht sagen, wann es die nächste warme Mahlzeit geben würde. Trotzdem deckten wir wie gewohnt den Tisch für das Abendessen. Um die Zeit, zu der es normalerweise Abendbrot gab, klingelte es. Vor der Tür standen mehrere Frauen von der Baptistengemeinde der Stadt. Sie brachten Schachteln mit Essen, das bei einer Versammlung übrig geblieben war, die sie am selben Tag abgehalten hatten.

Sie konnten sich nicht erklären, warum sie zu viel Speisen und Getränke bestellt hatten, bis wir ihnen von unserem Herd erzählten. Das Essen reichte nicht nur für eine volle Abendmahlzeit, sondern auch für das Mittagessen am Tag darauf. Ein weiteres Wunder war, dass der Herd schon am nächsten Tag zurückgebracht wurde.

»Ich hatte Schlaftabletten gehortet«

MARILYN LAWRANCE, *Mutter*

Das schrecklichste, anstrengendste und schmerzerfüllteste Jahr in meinem ganzen Leben war 1987. Meine zwanzigjährige Ehe war zerbrochen, und ich hatte ich den Betrug und Verrat der ganzen Jahre davor entdeckt. Ich fand das Leben nicht mehr lebenswert und sah den Tod als einzigen Ausweg aus meinem großen Schmerz an.

Schon immer hatten meine beiden Kinder für mich an erster Stelle gestanden, und als Katholikin wusste ich, dass ich mir nicht das Leben nehmen sollte. Ich flehte Gott verzweifelt um Beistand an, aber auch von ihm fühlte ich mich verraten.

Ich hatte Schlaftabletten gehortet und war zweimal gegen Mitternacht kurz davor, meinem Leben ein Ende zu machen, als jedes Mal jemand anders an meiner Tür klingelte und mir sagte, Gott habe ihn mit einer dringenden Botschaft gebeten, mir zu helfen. Als ich diese Worte hörte, hatte ich endlich das Gefühl, dass Gott bei mir war.

Nie vorher oder nachher hat jemand um Mitternacht an meiner Tür geklingelt. Gott existiert, und er erhört uns. Er hat mir das Leben gerettet.

»Kauf keine mehr«

BILL NICHOLS, *pensionierter Tischler*

M ein Vater starb mit sechzig an Lungenkrebs. Alle in meiner Familie rauchten. Ich begann mit 23, und mit 37 hatte ich es schon auf fünfzig Zigaretten pro Tag gebracht. Wenn ich nachts schlafen wollte, musste ich Hustensaft einnehmen, um den Schleim zu lösen. Ich hatte mehrmals versucht, mit dem Rauchen aufzuhören, und wusste, dass auch ich irgendwann Krebs bekommen würde.

Eines Abends beschloss ich herauszufinden, ob es Gott gibt. Ich ging in ein Zimmer, schloss die Tür ab, zog die Vorhänge zu, und, während ich mir absolut lächerlich vorkam, ich kniete mich hin und sagte: »Gott, wenn es dich gibt, musst du mir helfen, mit dem Rauchen aufzuhören, bevor es mich umbringt.« Sofort durchzuckte mich ein Gedanke wie ein plötzlicher Einfall: »*Kauf keine mehr!*«

Ich ging in die Küche und erzählte meiner Frau Anne, was ich gerade erlebt hatte. Ein göttlicher Wink ist eine Sache, aber eine langjährige Gewohnheit zu brechen eine andere. Ich dachte eine Woche darüber nach und beschloss, mich noch einmal an Gott zu wenden. Vielleicht würde er mir raten, das Rauchen allmählich im Laufe eines halben Jahres aufzugeben. Ich kniete mich also wieder hin, aber noch bevor ich etwas sagen konnte, kam wieder: »*Kauf keine mehr!*«

Wieder erzählte ich es Anne. Dieses Mal fragte sie: »Und was gedenkst du zu tun?« Ich erwiderte, ich müsse es ausprobieren.

Jeden Tag bestand mein Morgenritual darin, auf dem Weg zur Arbeit in einem nahe gelegenen Laden eine Zeitung und eine Schachtel Zigaretten zu kaufen. Am Morgen nach der zweiten Botschaft wechselte ich früh genug die Straßenseite, um nicht dem Inhaber zu begegnen, denn ich wollte ihn nicht unbedingt von meinem göttlichen Auftrag in Kenntnis setzen, mit dem Rauchen aufzuhören.

Eine Woche später geriet ich in Versuchung. Als ein Freund in der Firma eine Packung Zigaretten liegen ließ, konnte ich nicht widerstehen, mir eine anzuzünden, weil ich wissen wollte, wie sie schmeckte. Nachdem ich die Zigarette geraucht hatte, wurde mir prompt schlecht, und ich musste auf die Krankenstation unserer Firma. Mir war übel und schwindlig, und ich hatte Schweißausbrüche. Es war, als wenn mir jemand eins über den Kopf gegeben hätte.

Seither habe ich keine Zigarette mehr angerührt. Es hatte nichts mit Willenskraft zu tun. Der Drang, zu rauchen, war verschwunden, als ob ich vorher nie geraucht hätte. Jahre später stieß ich auf einen Satz in der Bibel: »Gott belohnt jene, die ihn suchen.« Das kann ich nur bestätigen!

»Das Einzige, was ich sah, waren aufgeblendete Scheinwerfer«

LEE HOWARD, *Pflegemanagerin*

Als ich im Alter von 18 Jahren einmal um zwei Uhr nachts von der Arbeit nach Hause fuhr, kam mir frontal ein Auto entgegen. Das Einzige, was ich sah, waren die aufgeblendeten Scheinwerfer. Ich ließ das Steuer los und dachte: »Der Zusammenstoß ist unausweichlich.« Ich hatte das Gefühl, in ein dunkles Loch zu fallen, und dann weiß ich nichts mehr.

Als ich zu mir kam, war ich ein paar Kilometer von der Gefahrenstelle entfernt und konnte nicht fassen, dass mir nichts passiert war. Ich hatte ein überwältigendes Gefühl des Staunens, dass ich noch am Leben war.

Aus heutiger Sicht weiß ich, dass Jesus damals das Steuer für mich übernahm und mich beschützt hat. Ich glaube daran, dass Gott die Hand über uns hält, und ich weiß, dass wir alle mit einem Auftrag hierherkommen. Ich vermute, Gott hat noch etwas mit mir vor.

»Alkohol am Steuer«

GREGG MADZI, *Vertriebsmanager*

Als ich ungefähr 18 Jahre war, fuhr ich einmal von einer Freundin nach Hause, obwohl ich zu viel getrunken hatte. Ich hatte nicht viel mit Alkohol am Hut, aber an diesem Abend war ich jung und dumm.

Ich schlief am Steuer ein. Als ich aufwachte, sah ich, wie ich frontal auf einen Sattelschlepper zufuhr, der unweit des Hauses meiner Eltern auf der gegenüberliegenden Straßenseite parkte. Ich war nur noch wenige Meter entfernt und auf der falschen Fahrbahn. Panisch riss ich das Steuer nach rechts, um einen Frontalzusammenstoß zu vermeiden. Ich werde nie das Gefühl vergessen, als ich das Steuer nach rechts riss und der Wagen nach links ausbrach. Ich kam parallel zum Lkw zum Stehen in der Richtung, aus der ich gekommen war.

Wäre das Auto nach rechts gefahren, hätte ich das gesamte rechte Heck des dort geparkten Oldsmobiles meiner Mutter demoliert. Ich saß einige Minuten im Auto still da und dankte Gott.

Diese Erfahrung lehrte mich eine wertvolle Lektion, was Alkohol am Steuer angeht. Und damals begriff ich auch, dass ich nicht mehr nur glauben musste, dass es Gott gab –

ich *wusste* es. Das Besondere an der Geschichte ist, dass ich mit einer wunderbaren Frau namens Sandy verheiratet bin, die im Rollstuhl sitzt, weil sie als Jugendliche von einem Betrunkenen angefahren wurde.

»Wir wären alle ertrunken«

HUGH CONWAY, *Verkäufer von Baumaterial*

An einem Freitag fuhren einige Freunde und ich spätabends an unsere Lieblingsbadestelle, einen tiefen See in einem Steinbruch in Bakerton, West Virginia. Der See war von steilen Felsen umgeben, und wenn man schwimmen gehen wollte, musste man von einem 15 Meter hohen Felsen ins Wasser springen. Dann musste man den Fels wieder hochklettern, um noch einmal zu springen.

Wir hatten den größten Teil des Abends gefeiert und alle zu tief ins Glas geschaut. Mein Freund Mark saß am Steuer – er war der Einzige von uns, der ein Auto besaß. Schon wenn er nüchtern war, fuhr er wie ein Verrückter. Man kann sich also denken, wie er unter Alkoholeinfluss fuhr.

Der Weg zum Steinbruch führte über das Gelände einer alten Farm. Es gab keine Zugangsstraße. An dem besagten Abend war es stockdunkel, und wir hatten große Schwierigkeiten, das Tor zum Farmgelände zu finden. Als wir es entdeckt hatten, fuhr Mark durch und über eine alte Kuhweide. Dann drückte er aufs Gas, und wir schleuderten und schlitterten kreuz und quer über das Feld. Mark genoss es, uns in Angst und Schrecken zu versetzen, und hörte selbst dann nicht auf, als seine Freundin Nancy, mein Freund Jim und ich ihn um Gnade anflehten. Selbst aus heutiger Sicht muss ich zugeben, dass es trotz allem Spaß gemacht hat.

Nach etwa einer Viertelstunde Fahrt, bei der wir blitzartig Bäumen und großen Felssteinen auswichen, schrie ich plötzlich, so laut ich konnte, er solle anhalten. Mark stieg auf die Bremse, und das Auto schlitterte zehn Meter weiter, bis es schließlich quer zum Stehen kam.

Als ich vom Beifahrersitz aus dem Fenster schaute, sah ich den Rand des Steinbruchs und ein schwarzes Loch vor uns. Der Wagen war nur wenige Zentimeter vor dem Abgrund zum Stehen gekommen.

Hätte ich die Wagentür geöffnet, wäre ich in die Tiefe gestürzt. Wir mussten alle auf der linken Seite aussteigen. Wenn wir weitergefahren wären, wären wir alle ertrunken, und unsere Familien hätten nie erfahren, was mit uns passiert war. Schockiert und schlagartig nüchtern, setzten wir uns auf den Boden.

Bis heute weiß ich nicht, warum ich plötzlich losgeschrien hatte. Ich glaube, Gott hat durch mich gesprochen. Für meinen Freund Jim war es der Augenblick, in dem ich ihm das Leben gerettet habe. Für mich ist es der Augenblick, in dem Gott uns alle gerettet hat.

»*Ein Meer von Glasscherben*«

PATRICIA FRUTTAURO, *Juwelierin*

Mein Sohn hatte die Familie im Garten seines Londoner Hauses zum Lunch eingeladen. Als wir das Haus betraten, sagte er: »Gebt auf den Spiegel acht.« Es handelte sich um einen großen, raumhohen Glasspiegel, der die eine Wand ganz bedeckte, um den Vorraum größer erscheinen zu lassen. Der Spiegel war einen Tag vorher angeliefert und abgestellt worden und sollte am nächsten Tag angebracht werden.

Wir gingen in den ziemlich weitläufigen Garten und tranken etwas, während mein Sohn grillte. Es war ein sehr warmer, sonniger Tag. Eleanor, meine zweijährige Enkeltochter, die ein kleines ärmelloses Top und Baumwollhosen trug, spielte in unserer Nähe. Wir merkten erst, dass sie sich selbstständig gemacht hatte, als wir das furchtbare Scheppern von splitterndem Glas und Eleanors Schreie hörten.

Meine Tochter und ich waren als Erste zur Stelle. Eleanor stand mitten in einem Meer von Glasscherben. Wir hoben sie hoch, brachten sie ins Bad und zogen ihr rasch die Kleider aus, um festzustellen, ob sie sich verletzt hatte. Sie hatte nicht einen einzigen Kratzer. Aber als wir in den Vorraum zurückkehrten, um die Unglücksstelle zu besichtigen, sahen wir, dass der Raum von Glas übersät war, und inmitten der Scherben lag eine von Eleanors blonden Locken. Das Glas hatte beim Herabfallen eine ihrer Locken abgeschnitten.

Für uns alle war das ein Wunder. Die Anwesenden wurden ganz still und nachdenklich, weil sie es so unerklärlich fanden. Ich dachte damals: »Sie hat einen guten Schutzengel.«

Da ich eher rational veranlagt bin, ließ ich alles noch einmal Revue passieren und fragte mich: »Wie konnte das passieren – die abgeschnittene Locke, während sie unverletzt blieb?« Ich glaube an eine höhere Macht. Ich glaube, Gott hat damals seine Hand schützend über Eleanor gehalten.

»Etwas warnte mich, den Flug zu nehmen«

BRUCE BRAMHILL,
pensionierter Großhändler für diagnostische Geräte

Am 24. Februar 1989 hatte ich beruflich in Los Angeles zu tun und wollte gerade auf dem Flughafen für den Rückflug nach Melbourne einchecken, wo ich lebe. Als ich vor dem Schalter anstand, ging mir plötzlich der Gedanke durch den Kopf: »Flieg nicht nach Australien. Flieg in die Schweiz.« Der Impuls war überwältigend. Ich hörte noch einmal: »Nimm nicht diesen Flug. Flieg in die Gegenrichtung.« Es verunsicherte mich. Ich bin auf Reisen gewöhnlich sehr diszipliniert und ändere meine Reisepläne nicht. Dennoch ging ich zurück zum Ticketschalter, buchte einen Flug nach Zürich und machte Termine für geschäftliche Unterredungen dort.

Als ich am nächsten Morgen in Zürich an einem Zeitungsstand vorbeikam, sah ich auf der Titelseite einer Zeitung ein Foto von einer Boeing 747 der United Airlines, bei der die rechte vordere Tür nach oben ragte. Es handelte sich um meinen Flug. Die Frachttür hatte sich über Hawaii gelöst und einen Teil der Seitenwand und des Innern mit abgerissen. Neun Menschen waren ums Leben gekommen. Mein Gangplatz in der vorderen Reihe der Businessclass auf der rechten Seite des Flugzeugs war übrig geblieben, während die Sitzreihen direkt dahinter verschwunden waren.

Mir schien es, als hätte mir der große Geist auf die Schulter getippt und gesagt, ich solle meine Pläne ändern. Mittlerweile verlasse ich mich immer mehr auf solche Signale.

»Jeder Pfeil traf ins Schwarze«

PAULINE RICK, Missionarin

Im Alter von 32 war ich an einem Punkt, an dem ich mit meinem Leben, meinem Beruf und den damit verbundenen internationalen Reisemöglichkeiten hätte zufrieden sein sollen, aber ich war es nicht. Freunde rieten mir, zu pausieren und an einem fünfmonatigen Missionskurs teilzunehmen, um nach Gottes Führung zu suchen.

Ich zog die Idee in Erwägung, war aber unschlüssig. Zum einen wollte ich nicht meine alten Eltern im Stich lassen, mit denen ich zusammenwohnte. Zum anderen war ich seit fünf Jahren mit meinem Freund zusammen (den ich nicht verlassen wollte) und glaubte auch, mein Bruder brauche meine Freundschaft und Unterstützung. Ich betete zu Gott und sagte, dies seien die drei Hindernisse, die mich davon abhielten, an dem Missionskurs teilzunehmen.

Innerhalb von drei Wochen lösten sie sich auf. Meine Eltern entschlossen sich zu einem Besuch bei meiner Schwester, die in Chile lebte. Mein Bruder nahm einen Job auf einem Segelboot an, und mein Freund kam eines Abends zu uns und eröffnete mir, dass er eine Stelle in einem anderen Bundesstaat gefunden hatte und in ein paar Wochen umziehen würde.

Einige Monate später, als ich immer noch mit dem Gedanken spielte, an dem Missionskurs teilzunehmen, lud mich ein Freund in eine Kneipe ein, in der er freitagabends Dart spielte. Da ich nichts Besseres vorhatte, ging ich mit. Ich hatte vorher noch nie richtig Dart gespielt und probierte es aus. Natürlich war ich nicht besonders gut darin.

Jeden Freitag spielte dort auch ein Mann, der an Dart-Turnieren im ganzen Land teilnahm und immer gewann. Und noch etwas anderes interessierte ihn: Er wollte mich näher kennenlernen. Mir schien, dass es keine so gute Idee war, wegzugehen und an dem Kurs teilzunehmen. Ich fragte mich, ob ich nicht lieber bleiben und eine Beziehung mit ihm eingehen sollte. Allem Anschein nach war er sehr nett und interessant.

An einem Freitagabend wurde ich eingeladen, zusammen mit einem Freund gegen ihn zu spielen. Es war mittlerweile das fünfte oder sechste Mal, dass ich gespielt hatte. Ich warf den ersten Pfeil und traf ins Schwarze. Danach ging jeder Pfeil, den ich warf, ins Schwarze. Es war, als würden die Darts erst seitlich fliegen, um sich dann zur Mitte hin zu korrigieren. Ich hielt es für eine Glückssträhne, und sie hielt an, solange ich warf.

Für mich war es bloß ein Spiel, aber der Dart-Spieler nahm es ernst. Dieser Mann, den ich so sympathisch gefunden hatte, wurde mit jedem Pfeil, den ich warf, wütender. Er unterstellte mir, eine professionelle Dart-Spielerin zu sein, und nannte mich sogar einen Dart-Hai. Er schrie mich an, bis ich den Tränen nahe war, meine Handtasche nahm und ging.

Auf dem Heimweg machte ich mir klar, wie falsch ich

seinen Charakter eingeschätzt hatte und wie dankbar ich sein konnte, seine Reaktionen kennengelernt zu haben, weil mir dadurch deutlich wurde, dass das kein Mann war, mit dem ich mich einlassen wollte. Mir schien es, dass Gott eingegriffen und dafür gesorgt hatte, dass die Darts ins Schwarze trafen – denn von allein hätte ich das nicht zustande gebracht. Es war mir klar, dass Gott mich damit anwies, wegzugehen und an dem Missionskurs teilzunehmen.

Das war im Jahre 1992. Nachdem ich den Kurs besucht hatte, schloss ich mich einer Organisation namens *Mercy Ships* an, die schwimmende Krankenhäuser betreibt und Kranke in den Entwicklungsländern medizinisch versorgt. Ich bin Gott bis heute dankbar, dass er mich von meinem dummen Vorhaben abgebracht hat.

»Bitte lass den Regen aufhören«

ADELE DAVEY, *pensionierte Hebamme*

Als mein Mann an einem Anbau für unser Haus arbeitete und gerade mit der Bohrmaschine hantierte, fing es an zu regnen. Da schaute er an den Himmel und flehte: »Ich muss die Arbeit fertig machen. Bitte lass den Regen aufhören.« Als es daraufhin prompt aufhörte zu regnen, waren wir zwar überrascht, dachten uns aber nichts weiter dabei, bis mein Mann kurze Zeit später mit dem Bohren fertig war. Er schaute wieder an den Himmel und sagte: »Vielen Dank. Jetzt kannst du es weiterregnen lassen«, und prompt setzte der Regen wieder ein. Wir wechselten einen Blick, und ich sagte: »Ach, du lieber Gott.« Dann brachen wir in Lachen aus.

Das war vor über 26 Jahren, und wir reden immer noch von dem Tag, als der Regen auf Bestellung aufhörte und wieder anfing.

»Ihre fünf Kinder waren ums Leben gekommen«

FRANCINE WILLIAMS, *Bankangestellte i. R.*

Eines Morgens im Jahre 1972 erwachte ich nach einem furchteinflößenden Traum: Eine Frau saß mit dem Rücken zu mir auf einer Bordsteinkante und schaukelte weinend hin und her. Als ich mich bei jemandem in der Nähe danach erkundigte, was geschehen war, erfuhr ich, dass eben ihre fünf Kinder ums Leben gekommen waren. Sie weinte herzzerreißend.

An dem besagten Morgen fiel die Schule aus, weil nachts ein Schneesturm über uns hinweggefegt war. Meine Töchter (fünf an der Zahl) wollten nach draußen gehen und vor dem Frühstück im Schnee spielen. Auch wenn ich ihnen das sonst oft erlaubte, bestand ich diesmal aus irgendeinem Grund darauf, dass sie zuerst frühstücken sollten.

Während sie am Tisch saßen, ging ich an die Tür, um einen Blick auf den Schnee zu werfen. Da rief mir mein Nachbar zu, ich solle zurücktreten. Ich wollte ihn gerade nach dem Grund fragen, da stürzte das Dach auf die Veranda. Augenblicklich flogen die Säulen, die die Veranda gehalten hatten, quer über die Straße, und die Veranda riss ab. Als die Feuerwehrleute eintrafen, glaubten sie, es habe eine Gasexplosion gegeben.

Hätte ich meinen Töchtern erlaubt, draußen zu spielen, statt zu frühstücken, wären sie möglicherweise ums Leben gekommen. Ob ich glaube, dass mich Gott mit dem Traum warnen und meine Kinder beschützen wollte? Ja, unbedingt!

7

»Was war das?«

Das Licht spüren

»Angst machte sich in meinen Körper breit«

MARK MONTGOMERY, *Geschäftsmann i. R.*

Da Nang, Vietnam, am 21. Mai 1968.

Ich war seit 45 Tagen in Vietnam stationiert, ohne bisher Kampfhandlungen erlebt zu haben. Man hatte mich als Wachtposten für ein Lager eingesetzt, das in der Nähe des Da-Nang-Flusses an einer Stelle lag, an der Ausrüstung, Nachschub und Truppen ein- und ausgeladen wurden. Das amerikanische Militär betrieb dort auch eine Fähre für Zivilisten.

Als ich, ausgerüstet mit kugelsicherer Weste, Helm, einer M16 und Leuchtraketen, auf dem Posten stand, schnarrte mein Funksprechgerät. Es war der Frontkommandeur, der Raketen meldete und eine komplette Verdunklung anordnete.

Ich befand mich in sechs Meter Höhe in einem mit Sandsäcken geschützten Turm, was mir ein Gefühl von Sicherheit und eine gute Sicht gab. Als junger Mann war ich kampfeslustig und davon überzeugt, dass es mir nicht an Courage mangeln würde. Wie furchtbar ich mich irren sollte!

Die erste Rakete detonierte mit einem dumpfen Aufschlag weit südlich von mir. Als das Bombardement näher kam, wurden die Einschläge lauter, verbunden mit hellen Blitzen von explodierendem Sprengstoff.

Irgendwann wurde ein niedrigerer Turm ungefähr 200 Meter südlich von mir voll getroffen und verschwand zusammen mit dem GI darin von der Bildfläche. Angst machte sich in meinem Körper breit, und ich konnte sie nicht kontrollieren. Eine zweite Rakete traf einen Landeponton am Pier zu meiner Rechten, und der vietnamesische Wachtposten, der dort stand, verschwand ebenfalls.

Mittlerweile hatte ich das Gefühl, aus zwei Teilen zu bestehen: meinem Körper, der sich wie versteinert anfühlte, und meiner verängstigten Seele, die darin gefangen war. Als mir der Urin das Bein hinunter in den Stiefel lief, flehte meine Seele Gott um Rettung an. Im selben Augenblick hörte ich eine männliche Stimme weit weg zu meiner Linken, die sanft sagte: »Ich komme gleich, ich komme gleich.«

Ich verstand nicht, warum er so lange brauchte, um zu mir zu kommen, der ich doch in so großer Not war. Plötzlich spürte ich, wie mich sein Geist überkam, von oben in meinen Körper eintrat, langsam nach unten floss und durch meine Füße wieder austrat, während er mir versicherte, dass er mich immer gekannt hatte, und die Worte sprach: »Ich bin es; ich bin alles, was je war und je sein wird.« Mein Leben spulte sich noch einmal vor mir ab: Ich sah mich als Zweijährigen, als Fünfjährigen und als Achtjährigen und musste lächeln, weil ich mich wie der kleine Junge fühlte, den ich beobachtete. Dann hörte ich die bewegendsten Worte, die ich kenne: »Ich liebe dich.« Unter Tränen flehte ich ihn an, mich mitzunehmen. Ich war erst 22, aber ich wollte für immer bei ihm bleiben. Ich erhielt keine Antwort und fühlte, wie er sich langsam in derselben Richtung entfernte, aus der er gekommen war.

Als ich mich umschaute, stand ich immer noch dort, wo ich vorher gestanden hatte, aber ich wusste, dass ich auf irgendeine Weise Raum und Zeit verlassen hatte, um eine Erfahrung mit Gottvater zu teilen, der mir das Leben gerettet hat.

»Hand Gottes!«

STEVEN FOSS, *US-Militärreservist*

Juli 2005. Tall'Afar, Irak. Kampfpioniereinsatz, 3. gepanzertes US-Kavallerieregiment.

Als die Waffen während einer Razzia schwiegen, die wir in einem vom Feind gehaltenen Viertel durchführten, stand ich ohne Deckung auf einer Straße. Es war unklug, ich weiß. Plötzlich hörte ich einen Schusswechsel in einer Gasse einen halben Block entfernt, und dennoch blieb ich stehen.

Ich wollte unbedingt die Lage für einen möglichen Einsatz meines Hilfstrupps sondieren, als ich aus den Augenwinkeln einen Lichtblitz wahrnahm und das Pflaster ungefähr acht Meter vor mir auf der linken Seite detonierte. Eine Wolke aus Staub und Trümmern blies über die Straße und hüllte mich ein. Bei dem Lichtblitz duckte ich den Kopf und lauschte. Ich hatte den Eindruck, dass mich zahlreiche Trümmerteile getroffen hatten. Durch die Erschütterung taumelte ich zurück, aber als sich die Wolke aus Gas und Trümmern verzog, merkte ich, dass ich immer noch an derselben Stelle stand, bedeckt von Staub und Steinsplittern.

Ich rief meinen Soldaten zu, eine Verletzungsmeldung zu machen, und tastete panisch die betroffenen Körperstellen ab, an denen ich Schmerzen hatte. Als ich einmal ganz in die Runde blickte, sah ich die Mörsergrenadiere des Fox-Trupps in der Nähe. Sie hatten alles mit angesehen, auch mein Gehampel nach der Detonation. Als sie merkten, dass ich unverletzt geblieben war, begannen sie, mir zuzuwinken – einige zeigten mit dem Finger, andere lachten –, während sie riefen: »Hand Gottes, Pionier! Hand Gottes!«

Im Irak, wo die Bibel auf Schritt und Tritt lebendig wird, ist der Frieden immer noch nicht hergestellt. Ich werde alles tun und mich der Aufgaben annehmen, die mir Gott zum Wohle all jener schickt, die mich kennen, und all jener, die mich nicht kennen, aber das Wirken seiner Hand durch mich erfahren.

»Gott trug mich die Stufen hinunter«

TAMMY BABCOCK, *Universitätsassistentin*

Mit etwa zwölf Jahren musste ich einmal wegen einer Grippe der Schule fernbleiben. Mein Zimmer lag im ersten Stock unseres Hauses. Nachdem ich morgens aufgestanden war, beschloss ich, mich unten auf die Couch zu legen und Fernsehen zu gucken. Auf der Hälfte der Treppe, die 14 Stufen hatte, wurde mir schwindlig, und ich rutschte aus.

Das Nächste, was ich weiß, ist, dass ich unten aufrecht an der Treppe stand. Ich war nicht hinuntergefallen. Ich dachte: »Wie bin ich hierhergekommen?« Mir kam es vor, als sei ich geschwebt oder sanft abgesetzt worden.

Jemand – für mich war es Gott – hat mich die Stufen hinuntergetragen. Ich hatte das Bewusstsein verloren, und wenn ich die ganze Treppe hinabgestürzt wäre, hätte ich mir das Genick brechen können.

Auch wenn ich inzwischen 48 Jahre bin, erinnere mich an dieses Erlebnis, als ob es gestern gewesen wäre.

»Ich wusste, dass ich nur eine geringe Überlebenschance hatte«

THEODORE KARLSEN,
pensionierter Stabsfeldwebel im US-Marinecorps

Im Jahre 1947 war ich sechs Jahre alt. Mein Vater war Holzfäller in Oregon, und wir bewohnten ein behagliches Blockhaus mitten im Wald in den Bergen am Ende einer langen Holzfällertrasse. Zwei zusammengeschweißte 200-Liter-Tonnen sorgten für die Heizung. Die obere Tonne diente zum Kochen und Backen. Mit dem Holz, das wir in der unteren Tonne verbrannten, beheizten wir die Blockhütte. Wir fünf Kinder kletterten jede Nacht eine Leiter hoch und schliefen auf dem Dachboden. Es gab keine sanitären Anlagen, aber es gab eine eiserne Regel: Wir mussten vor Einbruch der Dunkelheit draußen zur Toilette gegangen sein, wegen der Pumas.

Als wir eines Abends sehr spät nach Hause fuhren, kamen wir mit dem Wagen vom Weg ab und rutschten eine steile Böschung hinunter. Da wir einen knappen Kilometer von unserer Blockhütte entfernt waren, beschlossen wir, den restlichen Weg zu Fuß zurückzulegen. Ungefähr auf der Hälfte fiel meinem Vater ein, dass er etwas im Auto vergessen hatte, und er schickte mich los, um es zu holen.

Ich lief zurück, holte den gewünschten Gegenstand und hatte schon einen Teil des Rückwegs hinter mir, als plötzlich ein Zweig zu meiner Linken knackte. Im nächsten Augenblick hörte ich ein leises, tiefes Knurren und war mir sicher, dass es sich um einen Puma handelte, etwas, wovor ich mich unbändig fürchtete. Ich war überwältigt von Angst, denn ich wusste, dass ich nur eine geringe Überlebenschance hatte. Ich war ein Sechsjähriger, der in Lebensgefahr schwebte, und ich wusste es.

Da geschah etwas. Ich hatte den Eindruck, in einen warmen Mantel von Licht gehüllt zu werden, aber es war kein Licht, wie wir es kennen. Es gab mir ein Gefühl der Sicherheit und Geborgenheit, das undurchdringlich war für jegliche Gefahr. Es war eine strahlende Präsenz. Ich wusste einfach, dass mich etwas beschützte und dass mir nichts etwas anhaben konnte. Meine ganze Angst verflog.

Damals verstand ich nicht, was mich gerettet hat, aber aus heutiger Sicht bin ich überzeugt, dass Gott einen seiner Engel gesandt hat.

»Was war denn das?«

CHERYL CRAMER, *Handelsvertreterin*

Mit neunzehn fuhr ich von Pennsylvania, wo ich wohnte, nach St. Petersburg in Florida, um meine Schwester und ihren Mann zu besuchen. Eines Tages schlug mir meine Schwester vor, mit meinem Schwager eine Radtour zu unternehmen, und stellte mir dafür ihr Rad zur Verfügung. Ich war bis dahin noch nie auf einem fremden Fahrrad gefahren. Ihres war viel höher als meins, und als ich auf dem Sattel saß, konnte ich mit den Füßen nicht den Boden erreichen, aber ich glaubte, dass das keine Rolle spielte, da ich ohnehin die ganze Zeit radeln würde.

Nachdem mein Schwager und ich einen knappen Kilometer gefahren waren, mussten wir an einer Ampel halten. Als ich bremste und meine Füße auf den Boden stellen wollte, verlor ich das Gleichgewicht, weil ich vergessen hatte, dass das Fahrrad zu hoch war. Plötzlich spürte ich zwei Hände – die eine hielt meinen Kopf, die andere meine Hüfte –, während ich wie in Zeitlupe fiel. Als ich den Boden erreichte, stützte die Hand am Kopf meine Wange, während die andere an der Hüfte mich ganz behutsam zu Boden gleiten ließ. In diesem Augenblick sagte mein Schwager: »Was war denn das?« Ich blickte zu ihm hoch, während er sich über mich beugte. Die Hände verschwanden. Ich stand auf, klopfte meine Kleidung ab und stieg wieder aufs Rad.

Ich glaube, dass Gott die Allmacht und reine Liebe ist, und ich weiß, dass es sich bei diesen Händen um die Hände Gottes oder eines Engels handelte. Der Ausruf meines Schwagers, als er mich in Zeitlupe fallen sah, zeigte mir, dass ich mir das Geschehen nicht eingebildet habe.

»Weine nicht, denn er ist bei mir«

PATRICIA LAMBERT, *pensionierte Krankenschwester*

Als ich in den 1980er Jahren an den National Institutes of Health in Bethesda, Maryland, arbeitete und mich mit dem Gedanken trug, den Mormonen beizutreten, saß ich irgendwann einmal am Sterbebett eines Patienten, den ich mehrere Monate lang gepflegt hatte. Nachdem er gestorben war, ging ich auf die Toilette, um zu weinen, weil ich nicht wollte, dass meine Kollegen und die anderen Patienten meine Tränen sahen. Während ich mich meiner Trauer hingab, spürte ich eine Hand auf der Schulter, und eine Stimme sagte: »Weine nicht, denn er ist bei mir.« Die Berührung war ganz sacht, und ich wusste, dass jemand da war. Ich spürte eine angenehme Wärme und wurde innerlich ruhig. Ich war perplex.

Als ich die Toilette verließ, glaubte ich zu schweben. Eine Patientin, die mir entgegenkam, sagte: »Sie müssen ein spirituelles Erlebnis gehabt haben. Sie haben eine Aura um Ihren Körper.« Da wusste ich, dass Gott mich getröstet hatte. Die Worte der Patientin bestätigten es mir.

Nach diesem Erlebnis ließ ich mich bei den Mormonen taufen, denn ich zweifelte nicht mehr daran, dass die Lehren stimmten.

»Er hat mir das Leben gerettet«

JOHAN GOUWS, *Ingenieur*

Als ich 1982 im südafrikanischen Johannesburg Ingenieurwissenschaften studierte, wurde mir mein Auto gestohlen. Ein Freund von mir lieh mir sein Motorrad, damit ich zur Uni fahren konnte. Da meine Vorlesungen um fünf Uhr nachmittags endeten, kam ich auf dem Heimweg in den Berufsverkehr. Um den Campus zu verlassen, musste ich eine stark befahrene Straße überqueren. Nach einer Weile entdeckte ich schließlich eine Lücke im Verkehr und beschloss, schnell hinüberzufahren. Doch beim Losfahren würgte ich die Maschine ab, und in dem Augenblick, in dem ich vom Motorrad sprang, um es über die Straße zu schieben, rutschte ich aus und stürzte.

Als ich aufblickte, sah ich einen großen Bus, der mir mit hoher Geschwindigkeit entgegenkam. Mein letzter Gedanke war, dass der Bus mich überfahren würde. In diesem Augenblick war es, als würde mich jemand beim Kragen packen und mich und das Motorrad sicher auf der anderen Straßenseite absetzen – auch wenn ich mir dabei die Schulter ausrenkte.

Meine heute noch schmerzende Schulter erinnert mich

jeden Tag an dieses Erlebnis, das meinem Glauben an Gott Nahrung gegeben hat. Er hat mir das Leben gerettet. Ich glaube, Gott schickte damals einen Engel, um mich von der Straße aufzuheben.

»Es gibt dich tatsächlich«

JOHN BAXTER, *Geschäftsführer einer Consulting-Firma*

Ich wurde 1958 im Alter von 14 Jahren in der episkopalen Kirche an unserem Ort konfirmiert. Nach dem Gottesdienst sagte mein Vater so etwas wie: »Herzlichen Glückwunsch. Jetzt, wo du konfirmiert bist, hast du die Wahl. Du kannst entweder jeden Sonntag den Gottesdienst besuchen oder mit mir auf dem Lake Michigan segeln gehen.« Natürlich entschied ich mich fürs Segeln und ging bis 1989 nie mehr regelmäßig in die Kirche.

Im Jahre 2004 stand mir eine schwere Herzoperation mit einer fünfprozentigen Überlebenschance bevor. Ich war nie religiös gewesen, doch nun fand ich es an der Zeit zu beten. Ein Mentor hatte mir gesagt: »Bitten Sie einfach; mehr müssen Sie nicht tun.« Ich fühlte mich sehr unwohl damit, »einfach nur zu bitten«, und wollte wissen, in welcher Form man richtig betet. Er lächelte bloß und erwiderte: »Bitten Sie einfach.«

Am Tag vor meiner Operation saß ich auf der Bettkante in meinem Krankenhauszimmer und atmete tief durch. Dann *bat* ich Gott einfach darum, mir zu helfen, die Operation zu überstehen. Plötzlich schien eine große Last von meinen

Schultern zu fallen. Entspannt und erleichtert schaute ich nach oben und sagte: »Wow. Ich habe begriffen. Es gibt dich also tatsächlich.«

Ich fühlte mich seltsam getröstet und verstand, dass Gott mich erhört hatte und mir mitteilte, dass er für mich da sein würde, obwohl ich jahrelang nicht für ihn da gewesen war. Ich hörte keine Worte und hatte keine Visionen – es fiel mir nur eine Zentnerlast von den Schultern.

Ich erzähle die Geschichte nicht oft, doch wenn ich es tue, kommen mir die Tränen. Seit diesem Augenblick bin ich jeden Tag für das Geschenk des Lebens dankbar, und mein Glaube, dass es einen Gott gibt, ist unerschütterlich.

»Ich wollte mir das Leben nehmen«

SHEILA HOWES, *Phlebologin*

Ich hatte eine ganz normale Kindheit mit liebevollen Eltern. Mit 18 Jahren heiratete ich und bekam zwei Kinder. Dann verließ mich mein Mann, und meine Welt verwandelte sich in eine Hölle. Ich fing an zu trinken und hörte zwanzig Jahre lang nicht mehr damit auf.

Schließlich hatte ich einen Nervenzusammenbruch und war fast ein Jahr lang in der Klinik. Eines Tages wachte ich mit dem Gedanken auf: »Vielleicht ist der Alkohol an meiner Misere schuld.« Es war mir plötzlich klar; zwanzig Jahre lang war ich nicht auf diese Idee gekommen. Ich rief die Anonymen Alkoholiker an und nahm am ersten Treffen teil.

Doch schon nach zwei Wochen fiel es mir außerordentlich schwer, nicht weiterzutrinken. Ich hatte bereits einen Selbstmordversuch hinter mir, und das Einzige, woran ich – wieder einmal – dachte, war, mir das Leben zu nehmen.

Eines Morgens wachte ich auf und setzte mich auf die Bettkante. Ich fühlte mich total leer, wie eine hohle Muschel. Ich sagte: »Es geht nicht mehr. Ich kann nicht mehr so weitermachen.« Ich wusste, dass ich am Ende war. Im nächsten Augenblick schien es mir, als würde mich jemand wie ein zerknülltes Bettlaken aufschütteln. Ich empfand eine tiefe Entspannung, während sich ein Gefühl reiner Liebe und Güte in mir breitmachte. Und dann hörte ich eine klare und gebieterische Stimme sagen: »Bete um Glauben und Vertrauen.«

In diesem Augenblick wusste ich ganz sicher, dass es eine liebevolle Macht gab, die sich um mich kümmerte.

Meine ganze Sicht vom Leben hat sich seither verändert, denn ich weiß, dass mir ein neues Leben geschenkt wurde. Ich habe seit über neun Jahren kein Bedürfnis mehr zu trinken.

»Eine Empfindung von Energie entstand in mir«

FRED MANWARING, *Lokführer*

Eines Tages hatte ich einen sehr lebhaften Traum, aus dem ich voller Angst erwachte, denn ich hatte geträumt, dass meine Mutter bei einem Autounfall ums Leben kommen würde. Nie zuvor hatte ich einen Traum gehabt, der so eindringlich, intensiv und realistisch war. Ich erzählte niemandem davon, aber ich fragte mich, ob es eine Vorahnung war. Drei Jahre vergingen, und dann starb meine Mutter bei einem Autounfall.

In den Tagen vor der Beerdigung war ich niedergedrückt und wie betäubt. Ich wollte einen Augenblick allein in der Friedhofskapelle verbringen. Voller Angst und mit tiefem Schmerz sah ich diesem Augenblick entgegen, aber ich hatte das große Bedürfnis, mich ein letztes Mal zu verabschieden.

Bei der Ankunft in der Kapelle ging ich allein nach vorn, während meine Frau hinten am Eingang stehen blieb. Ich war von tiefer Verzweiflung und Trauer erfüllt, doch nach ein paar Schritten entstand plötzlich eine Empfindung von Energie in meiner Körpermitte. Ich blieb stehen und atmete einmal tief und langsam ein. Dabei floss eine Welle von Wärme von meinen Füßen gleichzeitig an beiden Beinen entlang nach oben durch meinen Oberkörper und trat anschließend durch den Kopf aus. Ich wurde von Zärtlichkeit und Wohlgefühl durchströmt. Man könnte es auch als große Liebe beschreiben.

Auch wenn ich weder eine Vision hatte noch eine Stimme hörte, wusste ich in meinem Innern, dass es meiner Mutter gut ging. Die Trauer, der Schmerz und die Verzweiflung verflogen. Meine überwältigende Niedergeschlagenheit machte dem Wissen Platz, dass das Leben meiner Mutter weiterging, dass sie keine Schmerzen hatte und bei uns war. Als ich mich zu meiner Frau umwandte, sagte ich: »Alles ist in Ordnung. Meiner Mutter geht es gut.«

Ich fürchtete mich nicht mehr vor der Trauerfeier am nächsten Tag, sondern fand sie wunderschön. Entspannt lächelte ich innerlich, auch wenn ich mir sehr bewusst war, dass ich einen Verlust erlitten und mein Leben sich für immer geändert hatte.

Nach dieser Erfahrung habe ich die Angst vor dem Tod verloren und halte die Aussage, dass es eine Seele, einen Himmel und einen Gott gibt, für wahr – ein Glaube, der bei mir vorher nicht sonderlich stark ausgeprägt war. Ich habe mich immer noch keiner Religion angeschlossen. Ich lebe weiter wie früher, aber ich bemühe mich, das Leben und meine Angehörigen stärker zu akzeptieren. Ich versuche, toleranter zu sein und aufrichtig zu leben – das zu tun, was richtig ist, ohne auf eine Belohnung zu schielen, einfach, weil es richtig ist.

Meine Mutter ist seit 15 Jahren tot, und ich habe bisher noch nie offen über mein Erlebnis gesprochen. Ich glaube, dass ich an jenem Tag erfuhr, dass es Gott und eine Form des Lebens nach dem Tode gibt und dass jeder von uns eine Seele hat, die auf immer mit denen verbunden bleibt, die wir lieben.

»Mich durchfuhr
ein gewaltiger Schlag«

DR. JON SAINKEN, *Psychiater*

Als ich mit zwölf für meine Bar Mitzwah, lernte und die Bibel las, befasste ich mich mit religiösen Gedanken. Es war für mich eine Zeit des Zweifelns. Ich zweifelte an der Existenz Gottes.

Eines Nachts hatte ich einen beeindruckenden Traum, in dem ich vor Gott stand und ihn bat, mir zum Beweis seiner Existenz ein Zeichen zu geben. Prompt folgten ein ungeheurer Blitz und ein Donnerschlag, und die mächtige Hand Gottes streckte sich zu mir hin. Mir schien es, dass sie mich verletzen oder töten könnte, aber nur die Spitze des Zeigefingers berührte mich sanft an der linken Schläfe.

Da durchfuhr mich ein gewaltiger elektrischer Schlag, und ich wachte zutiefst erschrocken auf. Obwohl meine Schläfe pochte, wagte ich nicht, in den Spiegel zu schauen.

Am nächsten Morgen fand ich eine deutlich sichtbare raue Narbe an meiner linken Schläfe, die keiner gewöhnlichen Verletzung glich. Die Stelle blutete nicht und war auch nicht entzündet, es war nur eine Narbe, die aussah, als sei sie immer da gewesen. Ich habe sie noch heute.

Daraus habe ich gelernt, das, was ich verstehe, richtig zu bewerten, und das, was ich nicht verstehe, zu respektieren.

»Ich war mir sicher,
dass ich nicht allein war«

HELEN WOOD, *pensionierte Angestellte*

Als ich irgendwann im Jahre 1998 mit meinem Mann zu Hause war, sagte er mir, dass er sich nicht wohl fühle, und zog sich ins Schlafzimmer zurück. Plötzlich hörte ich ein halblautes Stöhnen und einen unterdrückten Schrei aus seiner Richtung und wusste, dass etwas Schreckliches passiert war. Als ich ihn fand, waren seine Augen starr an die Decke gerichtet. Seine Zunge war weiß und hing aus dem Mund, und er hatte sich eingenässt. Mir war klar, dass er einen Herzstillstand hatte.

Völlig verstört wählte ich die Nummer der Notrufzentrale, wo man mir Hilfe versprach und Tipps für Wiederbelebungsmaßnahmen gab. Als ich mit der Herzmassage begann, fiel mir auf, dass sich mein rechter Arm anders als mein linker anfühlte. Ich war mir sicher, dass ich nicht allein war. Es war, als würde jemand meinen rechten Arm für mich führen.

Mein Mann kam schließlich wieder zu Bewusstsein, um es gleich wieder zu verlieren. Ich fuhr mit der Herzmassage fort und holte ihn noch einmal zurück. Als die Sanitäter mit ihm

233

auf dem Weg ins Krankenhaus waren, mussten sie ihn noch zweimal reanimieren. Aber er überlebte.

Ich bin fest davon überzeugt, dass mir eine höhere Macht half, ihm das Leben zu retten.

»Es war, als würde mich eine Hand in die entgegengesetzte Richtung drehen«

ANITA CARCONE, *Erzieherin*

Ich bin eine begeisterte Sportlerin und schwimme und jogge jeden Tag abwechselnd. Eines Morgens ging ich früh auf meine gewöhnliche Laufstrecke unweit meines Hauses in der Camelback Road. Seit einem Monat war die Straße im Zuge von Bauarbeiten auf eine Spur verengt worden. Ich wohnte dort, wo der Verkehr aus beiden Richtungen auf die eine Spur gelenkt wurde; deshalb war es dort besonders gefährlich, die Straße zu überqueren.

Nach dreißig Minuten Joggen war ich auf dem Nachhauseweg und hörte über Kopfhörer Musik, als ich plötzlich den Eindruck hatte, eine Hand würde mich packen, festhalten und in die Richtung drehen, aus der ich gekommen war. In dem Augenblick fuhr ein Lkw dicht hinter mir vorbei. Hätte mich in dem Augenblick nicht jemand in die entgegengesetzte Richtung gedreht, wäre ich in ihn hineingelaufen.

Ich hatte vergessen, dass die Autos aus beiden Richtungen auf die eine Spur umgeleitet wurden. Ich war so schockiert von dem Vorfall, dass mein Herz wie wild schlug und ich mehrere Minuten lang nach Luft ringen musste.

Hätte diese unerklärliche Kraft, diese unsichtbare Hand, mich nicht aufgehalten, wäre ich in den Lkw gerannt und vermutlich ums Leben gekommen. Es war für mich die Bestätigung, dass ich einen besonderen Schutzgeist oder -engel habe, jemanden, der über mich wacht und mich behütet. Ich persönlich glaube, dass ich auf der Welt bin, um den Benachteiligten zu helfen, ganz gleich, ob Mensch oder Tier. Es bestätigte mir, dass ich nicht grundlos hier bin.

»Ein ungeheuer großer Frieden senkte sich auf mich herab«

TERRY JOHNSON, *Verkaufsleiter i. R.*

Eines Sonntags ging ich zur Kirche, doch nur, weil mein Sohn Messdiener war. Es war eine Frühmesse, in der außer uns nur ältere Leute saßen, und sie schleppte sich dahin.

Ich war in meinem Leben an einem Punkt, an dem ich einige Menschen aus ganzem Herzen hasste. Ich wusste, dass der Hass falsch und kontraproduktiv war und mir nicht guttat. Um ihn aufzulösen, sagte ich mir jedes Mal, wenn die Betreffenden mir in den Sinn kamen, dass ich sie liebte.

Am Ende der Messe wollte der Pfarrer einen besonderen Segen für die Kehle geben. Da ich keine Schilddrüse mehr hatte, dachte ich: »Gut, es kann ja nichts schaden, wenn ich an den Altar gehe und mir einen Segen für die Kehle geben lasse.« Es war mir unangenehm und peinlich, nach vorn zu gehen, und ich überlegte, wohin ich schauen sollte, um dem Blick des Pfarrers auszuweichen.

Als ich an die Reihe kam und der Geistliche mir den Segen gab, senkte sich plötzlich ein ungeheuer großer Frieden auf mich herab. Ich wurde von etwas Unsichtbarem eingehüllt, und im Kopf-, Schulter- und Halsbereich empfand ich etwas,

was ich nur als Liebe beschreiben kann. Es fühlte sich wie die Gegenwart Gottes an.

Auf dem Weg zu meiner Bank blickte ich umher, doch alles schien unverändert. Niemand hatte bemerkt, was mit mir geschehen war.

Als ich meinen Sohn abholte und ihm erzählte, was passiert war, berichtete er mir, dass er dasselbe erlebt hatte.

Nur meine Frau und mein Sohn erfuhren, was mir damals widerfahren ist. Fünf Jahre lang konnte ich nicht darüber sprechen. Bis heute erzähle ich es nur, wenn jemand sich fragt, ob es Gott gibt.

Ich erinnere mich, wie ich mich damals darum bemühte, meine extreme Abneigung gegen bestimmte Menschen zu überwinden, und aus heutiger Sicht frage ich mich, ob Gott mir vielleicht sagen wollte, dass ich das Richtige tat, als ich meinen Hass in Liebe verwandelte.

»Ich will einen Beweis, dass es Jesus gibt«

MARIE KUTZLI, *Finanzmanagerin*

Auf der Suche nach Gott hatte ich mich in ein religiöses Buch vertieft, während ich draußen in der Sonne lag. Am Ende des Buches wurde empfohlen, das dort abgedruckte Gebet zu sprechen, wenn man eine Beziehung zu Gott herstellen wollte. Nach einigem Zögern sagte ich: »Also gut, ich werde das Gebet sprechen, aber ich will ein Zeichen und einen Beweis, dass es Jesus gibt.« Dann betete ich.

Plötzlich kam es mir vor, als würde ich von Kopf bis Fuß geläutert, und ich begann, in einer fremden Sprache zu reden.

Noch am selben Abend suchte ich in den Gelben Seiten nach einer Kirche. Ich entschied mich für eine Pfingstgemeinde. Als ich den Raum betrat, sprachen alle in Zungen. Ein wenig verwirrt saß ich in der letzten Reihe und hörte zu.

Der Geistliche sagte, er habe zwar eine Predigt ausgewählt, doch Gott habe andere Pläne für diesen Abend. Er habe eine Botschaft für jemanden. Dann wies er auf mich: »Sie da hinten im weinroten Kleid.« Ich dachte: »Ich gehe auf keinen Fall nach vorn.« Da schickte er seine Frau los, um mich zu holen, und ich ging widerwillig mit. Der Geistliche sagte: »Gott lässt Ihnen ausrichten, dass Ihr Name heute in das

Buch des Lebens eingeschrieben wurde.« Ich wusste damals nicht, was das Buch des Lebens war, aber inzwischen weiß ich es. Es war der erste Tag meines Lebens – der Tag, an dem meine Seele neugeboren wurde.

Damals verdiente ich meinen Lebensunterhalt mit Striptease auf Bestellung bei Geburtstagen und anderen Festen. Es machte mir Spaß, und ich verdiente viel Geld dabei. Aber nach diesem Erlebnis trat Gott in mein Leben und sprach zu meinem Herzen. Es war, als würde er mir sagen: »Marie, das ist nichts für dich.« Und ich gab ihm recht.

8

»Ich sah eine große, starke Hand«

Sehen heißt glauben

»Auch das wird vergehen«

LAURA GILMAN, *Eventmanagerin*

Bevor mein Vater starb, tröstete er mich oft mit den Worten: »Auch das wird vergehen.« Es war ein geflügeltes Wort in unserer Familie, und es übte eine beruhigende Wirkung auf mich aus.

Als ich im Jahre 2001 gerade meinen Job bei Morgan Stanley gekündigt hatte, lernte ich auf einer Party einen anderen Angestellten von Morgan Stanley kennen, in den ich mich sofort verliebte – er hieß Lindsay Herkness. Es war ein wunderbarer Anfang, und wir waren ganz verrückt nacheinander.

Am 11. September wollten wir das sechswöchige Bestehen unserer Freundschaft feiern. Da es der Geburtstag meiner Schwester war, beschlossen Lindsay und ich, abends zusammen mit meiner Familie zu essen.

Um neun Uhr morgens saß ich in meinem Büro auf der 57. Straße West und las einen Artikel in der *New York Times* über eine frühere Kollegin bei Morgan Stanley, die die Firma wegen sexueller Ungleichbehandlung am Arbeitsplatz verklagt hatte. Kurz nach neun läutete mein Telefon. Lindsay war am Apparat.

Ich aß Haferflocken aus einer Plastiktasse und schaute auf seine Visitenkarte. Sie lag auf dem Sockel meiner Rolodex-Adresskartei und war zur Schau gestellt wie ein Bild. Darauf stand: Lindsay Herkness, Morgan Stanley, World Trade Center, Turm 2.

»Hast du schon gehört?«, fragte er. »Ja, ich lese es gerade«, sagte ich und dachte an den Zeitungsartikel. »Du kannst es gar nicht gelesen haben – ein Flugzeug ist eben in das Gebäude gerast. Mir geht es gut. Ich muss los.«

Ich weiß nicht mehr, was ich ihm antwortete. Ich weiß nur, dass ich noch einmal seine Nummer wählte und dann auflegte, weil ich nicht wollte, dass er ein weiteres Mal ans Telefon ging.

Bald nachdem ich aufgelegt hatte, hatte sich herumgesprochen, dass es sich um einen Terrorangriff handelte. Unsere Handys funktionierten nicht. Wir erfuhren, dass es auch einen Terrorangriff auf Washington gegeben hatte. Ich arbeitete im Geschäftsbezirk in Manhattan, und mir war klar, dass es nicht sicher war, dort zu bleiben.

Ich verließ das Büro und ging durch den Central Park nach Hause. Als ich durch die Wohnungstür trat, spürte ich, wie Lindsay die Welt verließ, und wusste, überwältigt von Trauer, dass er tot war. Erst später am Nachmittag erfuhr ich, dass beide Türme zusammengebrochen waren. Ich wollte nichts mehr wissen, nicht einmal, wer außer ihm noch aus meinem Leben gegangen war.

Ich weinte zwei Tage lang allein und mit allen anderen Menschen in der Stadt. War er mein Traummann? Ich bin mir dessen sicher. Meine Liebe und meine Träume waren unwiederbringlich dahin, und ich war untröstlich, bis sich durch ein schlichtes Zeichen alles änderte.

Auf dem Weg zur Kirche ging ich an einer Ampel vorüber, an der ein Zettel klebte. Auf den meisten Zetteln fand man Fotos von Vermissten. Dieser war anders. Es standen nur vier Worte darauf: »AUCH DAS WIRD VERGEHEN.«

Innerhalb von Sekunden versiegten meine Tränen, und ich begriff, dass auch mein Schmerz vergehen würde. In diesem Augenblick wusste ich, dass eine göttliche Macht mich beschützte und mir in Form von Worten half, die mir etwas bedeuteten. Ich fühlte mich geführt, behütet und geliebt.

»Im Wald wurde es so hell, als dämmerte der Morgen«

LAUREL THOMPSON, *Mutter*

Das Erlebnis, von dem ich berichten möchte, ereignete sich vor der Beerdigung einer meiner besten Freundinnen. Sue war 24 und Pilotin, als sie kurz vor Thanksgiving abstürzte.

Ich kam per Flugzeug zur Beerdigung und wohnte zusammen mit ein paar anderen Freunden bei Sues Eltern. Als ich gegen drei Uhr morgens keinen Schlaf fand, ging ich in ein nach hinten gelegenes Zimmer, um mich mit Chris (den Sue knapp drei Monate vorher geheiratet hatte) und Karen (Sues Freundin aus der Kindheit) zu unterhalten.

Als ich das Zimmer betrat, war es draußen so dunkel, dass ich nicht einmal den Birkenwald vor dem Haus sehen konnte. Nachdem wir uns lange unterhalten hatten, sagte Chris: »Wenn es doch nur die Möglichkeit gäbe zu wissen, dass es Sue gut geht und sie nicht gelitten hat.« Ganz plötzlich wurde es im Wald so hell, als dämmerte der Morgen. Ich konnte ganz deutlich die Birken draußen sehen. Es dauerte nur wenige Sekunden, und dann war alles wieder so dunkel, als wenn jemand das Licht ausgeknipst hätte.

Es kam mir vor, als hätten wir erschrocken eine Ewigkeit dagesessen, bis Chris sagte: »Meine Güte, habt ihr das gesehen?« Karen und ich nickten stumm.

Am nächsten Morgen schauten wir in den Zeitungen nach, ob es in der Nacht ein ungewöhnliches Wetterphänomen gegeben hatte. Nichts.

»Ich hatte den Eindruck, dass jemand von oben auf mich herabblickte«

MINTER KROTZER, Autorin

Mitten in Manhattan auf der Lexington Avenue und der 54. Straße steht eine unscheinbare weiße Kapelle. Sie schmiegt sich an die protestantische St.-Peter-Kirche am Fuße des Citicorp Building, eines der höchsten Gebäude der Stadt.

Als ich vor ungefähr zehn Jahren in dem Viertel arbeitete, war ich Dauergast in der Kapelle. Ich verbrachte dort die Mittagspause, die Kaffeepausen und Zeit nach der Arbeit. Zuerst ging ich hin, weil ich Abstand von meinem Leben brauchte: Ich hatte eine stressige Arbeit als Rechtsassistentin in einer der größten Anwaltskanzleien der Stadt, mein Freund war Alkoholiker, und ich litt an Depressionen und Angstzuständen. Ich stellte fest, dass ich das Bedürfnis hatte, dort zu sein, um die Stille zu erfahren und zur Ruhe zu kommen. Es beruhigte mich, wie nichts anderes es konnte.

Die Kapelle ist innen ganz in Weiß gehalten, mit einem weiß getünchten Fußboden, und nach der Künstlerin Louise Nevelson benannt, die das Innere entworfen hat. Von ihr stammen auch die Skulpturen an den Wänden und das Kruzifix über dem Altar. Es sind schlichte Arbeiten aus Holz, abstrakt und nicht figurativ. Ich saß oft in einer Kirchenbank und betrachtete sie, während ich die Schatten der Passanten durch das beschlagene Glasfenster sah. Dann schloss ich meine Augen und ließ die Stille auf mich wirken, während die Geräusche der Stadt nur von fern zu hören waren. Ich saß lange da, manchmal während meiner ganzen Mittagspause.

Eines Tages merkte ich, dass ich betete. Ich redete mir sofort ein, dass ich mich irrte. »Ich bete nicht, ich denke nach«, sagte ich mir. Ich wollte nicht eine von denen sein, die beten – bloß keine von *denen*.

Nach diesem Erlebnis mied ich die Kapelle eine Zeitlang, um nicht wieder in Versuchung zu kommen zu beten. Aber an einem besonders hektischen Arbeitstag ging ich doch wieder hin. Ich erlaubte mir, mich ins Schweigen zu versenken und von ihm einhüllen zu lassen. Es war mir gleichgültig, was passierte – ich brauchte Frieden. Während ich dasaß, hatte ich den Eindruck, dass jemand von oben – außerhalb und jenseits der Kapelle – aus einer anderen Sphäre auf mich herabblickte. Ich wurde beobachtet, aber ich konnte den Beobachter nicht sehen und erlebte es, als wäre ich außerhalb meines physischen Körpers. Der Beobachter strahlte Interesse und Freundlichkeit aus, und ich war erfüllt von dem Gefühl seiner Erhabenheit. Ich begriff, dass Gott mich beobachtete.

Im darauffolgenden Jahr begann ich, wieder in die Kirche zu gehen und auf eine Weise an Gott zu glauben, wie ich es nie zuvor getan hatte. Ich begann, regelmäßig und ohne Scham zu beten. Im Laufe der Jahre veränderte sich mein Leben.

Inzwischen ist mir klar, dass ich durch die Stille zu Gott fand. Ich begann, indem ich mich nach der Stille – nicht nach Gott – sehnte, aber in ebendieser Stille fand ich Gott.

»Ich sah eine mächtige Hand«

GREGORY WORTHLEY,
Handelsvertreter für Telekommunikation

Ich bin nicht religiös aufgewachsen. Ich glaubte zwar immer an Gott, spürte aber nie seine Gegenwart in meinem Leben. Ich hatte nicht den Eindruck, dass Gott »da« war.

Nachdem ich mich im Jahre 2000 scheiden ließ, vereinsamte ich und verfiel dem Alkohol. Ich hatte große finanzielle Probleme und stand kurz vor der Pleite. Mein ganzes Leben war eine abwärtsführende Spirale, und ich näherte mich dem Tiefpunkt.

Eines Tages beschloss ich, etwas dagegen zu unternehmen. Noch am selben Tag ging ich in die Kirche und bat Gott, in mein Leben zu treten.

Am Nachmittag ging ich meiner normalen Sonntagsroutine nach, indem ich im Fernsehen Fußball schaute und mich entspannte, doch in der Nacht veränderte sich mein Leben.

Ich schlief auf dem Bauch, als ich von einer tiefen und lauten Stimme geweckt wurde, die mich beim Namen rief. Ich schwebte zwischen Schlaf und Wachsein. Ich dachte: »Jemand hat meinen Namen gerufen, obwohl nur ich und meine beiden Hunde im Schlafzimmer sind.« Als ich mich umdrehen wollte, war mir, als bliese ein Sturm in Orkanstärke auf meinen Rücken, sodass ich mich nicht rühren konnte. Ich spürte förmlich, wie der Sturm an meiner Haut zerrte.

Aus den Augenwinkeln sah ich eine mächtige Hand, die aus Wolken voller Blitze ragte und sich zu mir hinstreckte, während die Stimme sagte: »Du hast mich gebeten, in dein Leben zu treten.« Da war mir klar, dass etwas Außergewöhnliches im Gange war und Gott selbst zu mir sprach. Ich erwiderte: »Wie werde ich erkennen, dass du da bist?«, und er antwortete: »Bete mich an, und du wirst es erkennen.« Dann verschwand die Vision.

Ich wurde allmählich wach und merkte, dass ich in kalten Schweiß gebadet war. Erschrocken angesichts dessen, was gerade geschehen war, setzte ich mich im Bett auf.

Als ich mich wieder hinlegte, beschloss ich, auf dem Rücken zu liegen, um Gott zu Gesicht zu bekommen, falls er sich noch einmal zeigen sollte. Ich war zwar immer noch erschrocken, doch während ich dalag, begann ich, über das Geschehen nachzudenken. Als ich einschlief, ging ein unglaublich friedliches und lange nachklingendes Gefühl durch meinen ganzen Körper.

Am nächsten Tag wachte ich wie verwandelt auf. Ich habe mich finanziell wieder gefangen, bin als Christ gereift und habe meinen Alkoholismus überwunden (obwohl ich immer noch damit zu kämpfen habe). Ich fühle mich beschenkt und werde diese Erfahrung nie vergessen. Trotz ihrer Schlichtheit war Gottes Botschaft sehr tief und sehr wahr.

»Meine Frau drohte mir die Scheidung an, wenn ich mein Vorhaben verfolgen würde«

ROBERT ABRAHAMS, *Künstler*

Mit 45 Jahren begann ich, mir Fragen zum Sinn des Lebens zu stellen. Ich hatte immer an Gott geglaubt, aber ich wusste nicht, warum, und auch nicht, was ich damit anfangen sollte. Ich machte mich auf eine lange intellektuelle Suche, die mich schließlich zum Sufismus, dem spirituellen Herzstück des Islam, führte, und ich beschloss, Moslem zu werden.

Diese Entscheidung traf ich während des ersten Golfkriegs, und wie man sich denken kann, löste sie heftige Reaktionen in meiner christlichen Familie aus. Meine Frau drohte mir die Scheidung an, wenn ich mein Vorhaben verfolgen würde. Ich war verzweifelt, weil ich nicht wollte, dass mein spiritueller Weg in eine Scheidung mündete.

In diesem Zustand des Aufruhrs wachte ich eines Nachts auf und sah eine Gestalt am Fußende meines Bettes stehen. Ich fürchtete mich sehr, weil ich glaubte, es handele sich um einen Einbrecher. Die Gestalt war in dunkelgrüne Gewänder und einen Turban gehüllt und gab mir wortlos zu verstehen, dass ich weitersuchen solle und sich alles zum Guten wenden würde. Dann verschwand sie.

Als ich am nächsten Morgen erwachte, fühlte ich mich wie verwandelt, und seitdem ist mein Leben nicht mehr, wie es war. Meine Frau beklagt sich, dass ich nicht mehr der Mann bin, den sie geheiratet hat (was ich für ein Kompliment halte). Ich habe mich der Bahai-Religion angeschlossen, die islamische Wurzeln hat, so wie das Christentum im Judentum wurzelt. Wir sind der Auffassung, dass Religionen sich weiterentwickeln und hinter allen Propheten dieselben spirituellen Ideen stehen. Wir sehen keinen Konflikt zwischen den Religionen und streben an, die Probleme der Welt mit spirituellen Mitteln zu lösen.

Ich bin inzwischen 72, aktiver Künstler und setze mich für die Gemeinschaft ein. Mein Erlebnis bestätigte mir die Existenz Gottes und führte meinen jetzigen Zustand herbei, in dem ich meine Frau behalten habe – und meine Spiritualität.

»Ich begann, am Steuer einzuschlafen«

BEVERLY STOCKI, *zahnmedizinische Assistentin*

Mit 23 Jahren hatte ich eine Begegnung mit Gott. Mein Mann und ich wohnten in Erie, Pennsylvania, und begaben uns auf eine zehn- bis zwölfstündige Autofahrt nach New York, weil wir dort zu einer Hochzeit eingeladen waren. Nach drei Stunden legten wir einen Zwischenstopp in Pittsburgh ein, um meine Mutter zu besuchen, und fuhren anschließend um ein Uhr nachts von dort aus weiter.

Ich bot meinem Mann an, zu fahren, weil er den ganzen Tag gearbeitet hatte. Doch gegen sieben Uhr morgens begann ich, nach sechs Stunden Autobahn am Steuer einzuschlafen. Mein Körper fühlte sich schwer und wohlig auf dem Sitz an, während ich den Kopf an die Scheibe lehnte.

Ich habe keine Ahnung, was mich weckte. Als ich die Augen öffnete, kniete Gott mit gefalteten Händen direkt vor der Windschutzscheibe. Obwohl er eine Person aus Fleisch und Blut war, flatterten im Fahrtwind weder sein Haar noch das Gewand, das er trug. Sein Kopf war geneigt, aber seine Augen blickten direkt in meine.

Ich fuhr sofort auf den Seitenstreifen, und er verschwand. Als mein Mann aufwachte und mich fragte, was los sei, sackte ich auf dem Sitz zusammen, während ich weiter durch die Windschutzscheibe starrte, und sagte: »Du musst fahren. Ich habe gerade Gott gesehen.«

Ich bin wirklich keine religiöse Fanatikerin und neige auch nicht zu Visionen. Aber das habe ich tatsächlich erlebt. Es geschah 1967, und bis auf den heutigen Tag empfinde ich es als Privileg, die Chance gehabt zu haben, ihn von Angesicht zu Angesicht zu sehen.

»Ich konnte meinen Sohn nicht mitnehmen«

MICHELE CERAMI, *Anlageberaterin*

Im Jahre 1989 litt ich an einer Depression, die mit der Geburt meines einzigen Sohnes begonnen hatte und nun schon seit zwei Jahren anhielt. Ich riss mich zusammen, machte Yoga, meditierte, wanderte und las jedes Buch über Spiritualität, das ich finden konnte, denn ich war entschlossen, ohne Medikamente wieder gesund zu werden.

An manchen Tagen ging es besser als an anderen. Die Trennung von meinem Freund hatte mich auf dem Weg der Heilung wieder beträchtlich zurückgeworfen, und ich fühlte mich extrem deprimiert. Als mein zweijähriger Sohn gerade schlief, beschloss ich, ein Bad zu nehmen, etwas, was ich gern tat, wenn es mir schlecht ging.

Ich saß vorn in der Wanne, starrte vor mich hin und sagte mir immer wieder, dass ich so nicht weiterleben wollte. Es war zu schwer. Nicht, dass ich meinem Leben ein Ende machen wollte – es konnte bloß einfach nicht so weitergehen. Mir schien, dass ich sterben wollte und es doch nicht wirklich wollte.

Plötzlich war es, als hätte sich ein Tor geöffnet, und ich nahm aus den Augenwinkeln zu meiner Linken eine Landschaft wahr. Ich brauchte nicht einmal den Kopf zu drehen – obwohl sie im seitlichen Blickfeld lag, konnte ich sie ganz deutlich sehen. Darin war ein ungefähr drei Meter breiter und ein Meter tiefer Fluss, an dessen rechtem Ufer ich stand. Am anderen Ufer war nur weißes Licht zu sehen, und mir kam die Bezeichnung »Land des Lichts« in den Sinn. Die Botschaft, die mir wortlos übermittelt wurde, lautete, ich solle »ans andere Ufer gehen, wo Licht ist und es keinen Schmerz mehr gibt«. Ich würde Frieden haben. Es fühlte sich wie eine liebevolle Einladung an. Ich stand da am Ufer und fand die Einladung verlockend: keinen Schmerz mehr.

Ich schaute mich von der Stelle aus, wo ich stand, um, und auch wenn ich mich allein in einer ländlichen Umgebung befand, konnte ich die übrige Welt und die Menschheit in der Ferne sehen, als wäre ich davon getrennt. Wenn ich den Fluss überqueren und ins »Land des Lichts« gehen würde, so dachte ich, würde ich nicht mehr die Gefühle haben, wie ich sie auf Erden kannte – ich würde mein Menschsein nicht mehr spüren. Ich war hin und her gerissen, ob ich hinübergehen sollte, denn mein Menschsein war gerade sehr schmerzvoll, und doch war ich mir nicht sicher, dass ich den Schmerz aufgeben wollte! Dann wurde mir plötzlich klar, dass ich meinen Sohn nicht mitnehmen konnte.

In dem Augenblick, als mir dieser Gedanke kam, wusste ich, dass ich nicht hinübergehen würde, und die Vision verschwand.

Ich habe immer an der Existenz »Gottes« gezweifelt und beharrlich an meinem Zweifel festgehalten. Inzwischen habe ich mehrere Erfahrungen gehabt. Glaube ich an Gott? Das

Einzige, was ich mit Sicherheit aus all meinen Erfahrungen weiß, ist, dass sie von Liebe, Frieden und der Einheit aller Dinge erfüllt sind und dass sie sich von allem, was ich je in meinem normalen Bewusstseinszustand erlebt habe, unterscheiden.

»Wunder gibt es immer wieder«

JACQUELINE HOLMES, *Heilpraktikerin*

Im Jahre 1996 stellte man bei mir einen Hirntumor von der Größe einer Apfelsine fest, den ein Neurochirurg als »Monster« beschrieb. Zunächst meinten die Ärzte, es sei nicht möglich, ihn herauszuoperieren, und gaben mir noch drei Monate. Endlich beschlossen sie, die Operation durch mein Ohr zu wagen.

Vom Tag der Diagnose bis zur Operation konzentrierte ich mich ganz auf meine Heilung. Ich setzte mein Vertrauen auf Gott, dass die Operation gut verlaufen und keine schlimmen Folgen wie Lähmung, Blindheit oder Tod (um nur einige zu nennen) zur Folge habe würde. Ich schrieb und sprach Affirmationen, Tag und Nacht. Überall in meinem Schlafzimmer hängte ich Bilder und Affirmationen auf. Dann kaufte ich mir einen Sticker mit dem Spruch »WUNDER GIBT ES IMMER WIEDER« und befestigte ihn an der Wand über meinem Bett.

Eine Woche, nachdem ich den Sticker angebracht hatte und abends zu Bett gehen wollte, stellte ich fest, dass er mit dem Spruch nach oben auf meinem Kopfkissen lag. Ich dachte nicht weiter darüber nach und befestigte ihn wieder an seinem Platz. Als ich am nächsten Abend schlafen ging, lag er wieder mit der Schrift nach oben auf dem Kopfkissen. Ich dachte, ich hätte ihn nicht gut befestigt, und brachte ihn wieder an der alten Stelle an. Am nächsten Abend wollte ich zu Bett gehen, und da lag er – »WUNDER GIBT ES IMMER WIEDER« – erneut auf meinem Kopfkissen. Dieses Mal fragte ich bei allen Familienmitgliedern, meinem Mann und meinen Kindern, meinen Eltern und Freunden herum: »Wer war in meinem Zimmer und hat den Sticker auf mein Kissen gelegt?« Alle beteuerten, dass sie das Zimmer nicht betreten hatten. Als ich in mein Zimmer zurückging und noch einmal einen Blick auf mein Kopfkissen warf, begriff ich plötzlich, dass Gott ihn dorthin gelegt hatte! Ich brach in Tränen aus und dankte Gott und meinen Engeln. »Ja«, sagte ich, »Wunder gibt es, und genau das werde ich erleben.« Die Botschaft war angekommen. Ich befestigte den Sticker wieder an der Wand, und von da an fiel er nicht mehr herunter.

Als ich ins Krankenhaus kam, nahm ich ihn mit und brachte ihn an meinem Bett an. Die Operation dauerte 17 Stunden, und letztlich konnten die Ärzte nicht den ganzen Tumor entfernen.

Erst nach einer Woche auf der Intensivstation merkte ich, dass mein Sticker verschwunden war. Lächelnd und voller Liebe begriff ich, dass ich ihn nicht mehr brauchte. Das Wunder war geschehen.

Nach fünf Jahren war der Resttumor, den die Ärzte beim ersten Mal nicht hatten entfernen können, wieder gewachsen. Aufgrund seiner Lage war er inoperabel. Ich bekam eine sogenannte stereotaktische Radiochirurgie, eine Art von Bestrahlung. Das war vor sechs Jahren. Heute bin ich davon überzeugt, dass Gott mich geheilt hat.

Ich glaube, solche Dinge geschehen, damit wir etwas über uns selbst lernen. Beim ersten Mal hatte ich die Botschaft nicht verstanden, deshalb musste sie mich ein zweites Mal erreichen. Ich bin nicht mehr dieselbe wie vor zehn Jahren. Mein Herz ist offen für mich und alle anderen. Welches Geschenk ich bekommen habe! Jeder Tag ist ein Geschenk.

»Seine Liebe und sein Mitgefühl trafen mich ins Herz«

CHRIS RAE, *Networkdesignerin*

Ich wuchs in einer christlichen Familie auf und gehörte als Kind einer großen Pfingstgemeinde an. Mit 19 begriff ich, dass meine Beziehung zu Gott nicht auf einem echten Glauben beruhte. Ich trat aus der Kirche aus und ging meinen eigenen Weg.

Neun Jahre später war ich in einer tiefen Krise. Meine Eltern hatten sich getrennt, und meine Familie war eine Katastrophe. Mehr schlecht als recht überstand ich jeden Tag und wusste nicht, ob es einen Sinn hatte, überhaupt weiterzuleben. Ich fühlte mich ständig abgelehnt, war voller Schmerz und wütend auf die Kirche, die mich an Gott heranführen sollte. Nur weil andere Leute es behaupteten, glaubte ich nicht einfach, dass es Gott gab. Ich hatte ihn weder gesehen noch seine Stimme gehört. Meiner Meinung nach gab es kein Jenseits nach dem Tode.

Die meisten meiner Freunde waren Christen, und gemeinsam nahmen wir an einem Kurs teil, um mit Gott zu kommunizieren. Doch ich war mit dem, was wir da machten, nicht einverstanden, und da ich die Heilige Schrift gut kannte, gelang es mir manchmal, den Glauben der anderen ins Wanken zu bringen. Aber trotz meines Verhaltens und meiner Ansichten war ich immer noch offen, und ich entsinne mich, wie ich in meiner Wohnung stand und sagte: »Gott oder eine höhere Macht, wer auch immer mich geschaffen hat, wenn es dich gibt, dann wüsste ich es gern.«

Einige Monate später richtete die Mutter einer Freundin, Theresa, einen Gebetskreis bei sich zu Hause ein, und ich machte mit. Nachdem alle gegangen waren, blieb ich noch und beschloss, Theresa von meinem Leben und meinen familiären Problemen zu erzählen. Ich reagierte sehr emotional, als sie sagte: »Hast du etwas dagegen, wenn ich Jesus zu diesem Gespräch dazubitte?«, und antwortete sarkastisch und zugleich etwas verwirrt: »Wenn du willst – was auch immer das bedeutet.«

Wir kamen auf ein Erlebnis aus meiner Schulzeit zu sprechen. Eine Lehrerin hatte mich damals als Kind misshandelt. Sie schlug mich mit dem Rohrstock für Dinge, die ich gar nicht getan hatte, und verbot mir, während des Unterrichts auf die Toilette gehen. Als ich nicht anders konnte und in die Hosen machte, bezeichnete sie mich bei meinen Eltern als Problemkind.

Theresa bat mich, die Augen zu schließen, mir das Klassenzimmer vorzustellen und es ihr zu beschreiben. Anschließend sagte sie: »Schau dich um. Siehst du irgendwo Jesus?« Ich blickte im Raum umher. Ja, da war er. Ein strahlendes Licht ging von ihm aus. Es war kein normales Licht – es war ein lebendiges Licht, und seine Liebe und sein Mitgefühl trafen mich mitten ins Herz. Ich hatte das Gefühl, zum ersten Mal

Liebe in meinem Herzen zu spüren. In diesem Augenblick nahm er all mein Leid hinweg.

Seitdem habe ich nie mehr gezweifelt.

»Meine Schmerzen verschwanden«

NEIL WOLLPERT, *Versicherungsvertreter*

Ich hatte 24 Stunden am Tag ohne Unterbrechung Schmerzen im ganzen Körper. Auf der Suche nach den Ursachen und nach Linderung führte mich meine Odyssee von einem Universitätskrankenhaus zum nächsten: von Ohio und Indiana über die Mayo-Klinik bis nach Harvard und Cleveland. Das Krankenhaus in Cleveland war meine letzte Hoffnung. Zwanzig Spezialisten hatten mich untersucht, ohne mir helfen zu können. Es ging mir so schlecht, dass ich erwog, mir das Leben zu nehmen, denn es gab keinen einzigen Augenblick, in dem ich schmerzfrei war.

Um drei Uhr morgens weckte mich ein goldenes Licht oben in einer Ecke meines Zimmers. Es war ein merkwürdiges Licht von etwa einem halben Meter Durchmesser, das in der Mitte ganz hell war und zu den Rändern hin schwächer wurde. Dann hörte ich eine Stimme in meinem Innern sagen: »Es wird alles wieder gut.« Im selben Augenblick, als ich die Stimme hörte, wusste ich, dass sie echt war, denn meine Schmerzen verschwanden. Zum ersten Mal in fünfeinhalb Jahren war ich schmerzfrei. Nach fünf Minuten verschwand das Licht allmählich, und meine Schmerzen kehrten zurück.

Zuerst dachte ich, ich hätte mir das Ganze nur eingebildet, aber diese fünf Minuten, in denen ich schmerzfrei gewesen war, waren für mich der Beweis, dass ich eine persönliche Berührung mit Gott gehabt hatte. Es war ein tiefes Aha-Erlebnis.

Inzwischen hat sich herausgestellt, dass ich an einer Fibromyalgie leide, gegen die ich regelmäßig Schmerzmittel einnehme. Eine Weile nach dem Erlebnis mit dem goldenen Licht ist mein Glaube wieder schwächer geworden, und ich suche weiter, aber ich zweifle nicht mehr an der Existenz Gottes.

»Worte, die nach Honig schmeckten«

SEBIO AGUILAR, *pensionierter Maschinist*

Ich erinnere mich an den 28. April 1983, als wäre es gestern gewesen. Bei einem Abendgottesdienst in der lateinamerikanischen Assembly-of-God-Church in Hanford, Kalifornien, an dem ich teilnahm, bat der Geistliche Freiwillige darum, an den Altar zu kommen, um zu beten. Einige ältere Kirchenmitglieder warteten bereits vorn, um diejenigen, die kamen, beim Beten zu unterstützen. Zufällig standen mein Bruder und meine Schwägerin neben mir, als ich an den Altar trat.

Ich kniete mich hin, und als ich betete, hatten die Worte einen solchen Geschmack, dass ich nicht mehr aufhören wollte. Nach ungefähr einer Viertelstunde sagte meine Schwägerin zu mir: »Du empfängst gerade den Heiligen Geist.« Während ich fortfuhr zu beten, hatte jedes Wort den Geschmack von Honig. Ich wusste nicht, was ich sagte – es waren einfach Worte, die nach Honig schmeckten.

Schließlich hatte ich eine Vision. Ich sah mich in einem öden Land. Vor mir erhob sich eine Mauer. Ich erklomm sie und stieg anschließend einige Stufen empor, bis ich an zwei Tore gelangte, die so hoch waren, dass ich mir bei ihrem Anblick wie eine Ameise vorkam. Ich klopfte an eines der Tore, und es öffnete sich einen Spalt. Als ich hindurchschlüpfte, hörte ich einen Gesang, der klang, als käme er aus Tausenden von Kehlen, aber es war niemand zu sehen. Es war eine Musik von überwältigender Schönheit. Ich hatte so etwas noch nie gehört.

Die Umgebung bestand aus kristallenem Gestein von einer solchen Pracht, wie ich es noch nie gesehen hatte. Als ich weiterging, kam mir eine Gestalt entgegen, während Lobgesänge zu Ehren Gottes ertönten. Auch wenn ich das Gesicht nicht sah, wusste ich doch, dass es ein Mann war. Er trug ein Gewand mit einem weißsilbernen Kragen. Ich fiel auf die Knie und verneigte mich. Da erblickte ich seine Sandalen und die Wundmale an seinen Füßen. Als er mir seine Hände entgegenstreckte, nahm ich die Wundmale an seinen Händen wahr und wusste, dass es Jesus selbst war.

Das Einzige, was er sagte, war: »Willkommen, mein Sohn.« In diesem Augenblick spürte ich eine Hand auf meiner Schulter, und als ich mich umdrehte, bemerkte ich meine Schwägerin. Mein Bruder saß in der ersten Bank; alle anderen waren schon gegangen. Auf meine Frage, wie lange ich gekniet und gebetet hätte, erwiderte sie: »Über vier Stunden!« Es war kurz vor Mitternacht! Um sieben Uhr abends hatte ich mich vor den Altar gekniet. »Du hast in Zungen gesprochen«, sagte meine Schwägerin. »Du warst vom Heiligen Geist erfüllt, und wir konnten nicht verstehen, was du gesagt hast.«

Mein ganzes Leben lang hatte ich Träume und Alpträume, aber ich erinnere mich nicht an sie. Doch an diese Vision erinnere ich mich, als wäre sie eine Reise gewesen, die ich tatsächlich gemacht habe. Bis heute habe ich kein Detail vergessen. Sie bleibt in meiner Erinnerung außerordentlich lebendig. Alles, was ich als Kind gelernt, aber nie verstanden hatte, wurde mir in diesen vier Stunden des Betens enthüllt.

9

»Ich kannte den Zeitpunkt ihres Todes«

Das Leben nach dem Tod bezeugen

»Es war eine überschwängliche Mischung aus Liebe, Freude und Glück«

ALLAN HEFFERNAN, *pensionierter Maschinenbautechniker*

Am 18. November 1991 verloren wir unseren Sohn Steve, einen wunderbaren Jungen, durch Selbstmord. Er war zwanzig und hatte schwere Jahre hinter sich.

In der Woche vor der Beerdigung versammelte sich die ganze Familie zu Hause, um zu trauern und zu weinen. Ich ging im Wohnzimmer auf und ab. Plötzlich durchfuhr mich ein Gedanke, und ich platzte heraus: »Er hat mich nicht zum Abschied umarmt.«

Die Woche nahm ihren Lauf, und wir beerdigten ihn. Am nächsten Abend ging ich nach oben in mein Schlafzimmer; ich war sehr erschöpft und versank in Tiefschlaf. Irgendwann vor Tagesanbruch erwachte ich, stand auf und ging nach unten ins Wohnzimmer. Im Haus herrschte Stille. Als ich das Esszimmer betrat, stand dort eine menschliche Gestalt, deren Gesicht ich nicht sehen konnte, mit ausgebreiteten Armen, und ich begriff, dass sie eine Umarmung wollte. Während ich meine Arme um sie legte und sie drückte, spürte ich, wie die Umarmung erwidert wurde. Was ich in diesem Augenblick empfand, lässt sich schwer in Worte fassen. Ich fühlte mich wie ein Korken, der in eine Champagnerflasche gefallen ist. Es war eine überschwängliche Mischung aus Liebe, Freude und Glück.

Das Nächste, an das ich mich erinnere, ist, dass ich von großer Freude erfüllt im Bett saß und sagte: »Das war mein Sohn!«

Einige Menschen werden vielleicht einwenden, dass ich das Ganze geträumt habe. Aber für mich war es eine außerkörperliche Erfahrung, in der ich mich mit meinem Sohn verband. Ich weiß, dass es stattgefunden hat, und niemand kann mich vom Gegenteil überzeugen.

In dem Augenblick, als er mich umarmte, wusste ich, dass wir nie getrennt werden könnten und dass er in Sicherheit und am Leben war. Ich bin so dankbar, dass ich das erleben durfte. Mein ganzes Leben lang bin ich gläubig gewesen, aber dieses Erlebnis war meine erste Erkenntnis, dass alles, was ich glaube, wahr ist.

»Der Postbote brachte ein
unerwartetes Paket«

LAWRENCE GROFF, *Rechtsanwalt i. R.*

Am 6. März 1967 wurde meine Schwester Patricia in Bandung auf der Insel Java in ihrem Schlafzimmer erstochen.

Pat war seit zwei Monaten in Indonesien, wo sie Missionarskinder unterrichtete. Seit ihrem zwölften Lebensjahr war das ihr Berufswunsch gewesen. Sie war 25 Jahre alt.

Ihr Mörder, ein 19-Jähriger, war nach eigenen Angaben in die Wohnung eingedrungen, weil er glaubte, dort eine reiche Amerikanerin ausrauben zu können. Aber es gab nichts zu rauben. Sie hatte aus dem Koffer gelebt und wartete noch auf die Ankunft ihrer Kleidung und ein paar persönlicher Sachen, die mit dem Schiff nachkommen sollten.

Ich arbeitete in New York, als ich den Anruf von meinem Vater erhielt, der mich von der schrecklichen Tragödie in Kenntnis setzte. Auf der Stelle fuhr ich nach Pawtucket auf Rhode Island, um meinen Eltern beizustehen.

Zwei Tage später erfuhren wir, dass Pats sterbliche Hülle am Donnerstag, dem 9. März, in den USA ankommen würde. Am 9. rief ich bei der KLM an, um die ungefähre Ankunftszeit der Maschine auf dem Kennedy Airport zu erfragen. Man sagte mir, die Maschine würde um drei Uhr eintreffen, eine Viertelstunde eher als geplant. Um exakt drei Uhr, als das Flugzeug mit Pats Sarg auf dem Flughafen landete, klingelte es bei uns an der Tür, und der Postbote brachte ein unerwartetes Paket. Es war in Pats Handschrift adressiert und enthielt Geschenke für Freunde und Verwandte, die sie bei ihrem Zwischenstopp in Singapur gekauft und zur Post gebracht hatte, bevor sie zu ihrem Job nach Indonesien weiterflog. Es war ein seltsames Gefühl. Mir schien, dass eine höhere Macht es arrangiert hatte und Pats Paket in Wirklichkeit sie selbst war, die nach Hause zurückkehrte.

Ich glaube, Gott tut uns seine Existenz kund, indem er uns Botschaften wie jene schickt, die wir damals erhielten. Vielleicht wollte Gott uns klarmachen, dass Pat für immer ein Teil unseres Lebens bleiben würde. Vielleicht bestand die Botschaft aber auch darin, dass wir einander das Geschenk der Liebe und Vergebung geben und versuchen sollten, das liebevolle Leben zu führen, das Pat geführt hatte.

Pat las jeden Abend vor dem Schlafengehen in der Bibel. In der Nacht, als sie ermordet wurde, war die Stelle von Johannes 12,24 aufgeschlagen: »Wahrlich ich sage euch: Wenn das Weizenkorn nicht in die Erde fällt und erstirbt, bleibt es allein; wenn es aber erstirbt, bringt es viel Frucht.«

»Auf ihrem Weg in den Himmel«

MARTY CROAK, *Anwalt*

C indy und ich lernten uns auf dem Postamt kennen, wo wir beide arbeiteten. Sie war eine hübsche junge Frau voller Energie und mit einem warmen Lächeln. Wir verliebten uns ineinander.

Als sie kurze Zeit später über Magenschmerzen klagte und sich untersuchen ließ, wurde Dickdarmkrebs bei ihr festgestellt. Mit 19 Jahren entfernte man ihr einen Teil des Darms, und anschließend machte sie eine Chemotherapie. Da es ihr bald danach besser ging, nahmen wir unser normales Leben wieder auf. Wir verlobten uns, kauften ein Haus, und ich fing an, Jura zu studieren.

Aber die Schmerzen kehrten zurück. Bei der nächsten Operation stellte sich heraus, dass der Krebs sich ausgebreitet hatte. Wir erfuhren, dass Cindy bald sterben würde. Ich beschloss, ein Semester lang mit dem Studium auszusetzen und auf dem Postamt zu jobben, um Cindy nach der Arbeit besuchen zu können. Man hatte sie nach Hause zu ihren Eltern verlegt, die ihr ein Bett im Wohnzimmer hergerichtet hatten, und dort besuchte ich sie jeden Abend.

Eines Morgens wurde ich plötzlich im Schlafzimmer des

Hauses, das wir gemeinsam gekauft hatten, durch etwas geweckt. Es war wie ein Ruck oder ein Stich, der durch mein Herz hindurchging. Danach überkam mich ein ungeheures Gefühl von Frieden. Ich blickte aus dem Fenster und sah einen wunderschönen Sonnenaufgang. Ein paar Minuten später läutete das Telefon. Cindys Vater teilte mir mit, dass Cindy eben verstorben war.

Nachdem ich den Hörer aufgelegt hatte, begriff ich, dass mich Cindys Seele geweckt hatte, als sie auf dem Weg zum Himmel durch mich hindurchgegangen war.

»Ich kannte den Zeitpunkt ihres Todes«

MIKE MORGAN, *Inhaber einer Versicherungsagentur*

Als der zehnjährige Kampf meiner Mutter gegen ihren Krebs seinem Ende entgegenging, wechselten mein Bruder, meine Schwester und ich uns bei ihrer Pflege ab. Wenn ich an der Reihe war, hob ich sie vom Bett in den Rollstuhl und lachte und weinte mit ihr. Das machte ich zwei Monate lang.

In der Nacht, als sie starb, war mein Bruder Dana bei ihr, während ich zu Hause schlief, zwei Stunden entfernt. Ich erwachte davon, dass mich jemand beim Namen rief: »Mike!« Danach spürte ich Stoßwellen von Kopf bis Fuß ähnlich wie Elektroschocks. Es war ein seltsames Gefühl. Als ich auf die Uhr schaute, zeigte sie Viertel vor vier. Um zehn vor sechs klingelte das Telefon. Es war Dana, der mir mitteilte, dass unsere Mutter gestorben war. Als er um drei Uhr nach ihr gesehen hatte, atmete sie noch, doch um vier Uhr war sie schon tot. Er wusste nicht genau, wann sie gestorben war.

Ich sagte ihm, dass ich den exakten Todeszeitpunkt kannte. Dieses Erlebnis hat bei mir einen inneren Frieden hinterlassen, der sich bis heute erhalten hat.

Meine Frau hat mich zu Weihnachten und Ostern immer

mit in die Kirche geschleppt, doch erst nach diesem Erlebnis mit meiner Mutter war mein Wissen unumstößlich. Ich habe das Gefühl, dass ich damals ein Geschenk empfing, das mir zeigte, dass wir alle miteinander verbunden sind und nicht sterben, sondern zu etwas Höherem aufsteigen.

»Ich bring dich wieder heim, Kathleen«

KATHLEEN RHOADS, *Mitarbeiterin im Kundenservice*

Mein Vater war ein unbekümmerter Mensch, der das Leben liebte und immer gute Laune hatte. Er war Musiker und ein großartiger Sänger. Alle Partys fanden bei uns zu Hause statt! Ich war das erste Kind, und meine Eltern tauften mich Kathleen. Bei jeder Gelegenheit sang mir mein Vater den populären Song vor: »I'll take you home again, Kathleen – ich bring dich wieder heim, Kathleen.«

Zwanzig Jahre waren vergangen, seit Gott meinen Vater zu sich genommen hatte – ganz plötzlich und für alle unerwartet. Ich hatte mich nicht von ihm verabschieden können, und das quälte mich. In all den Jahren erlebte ich immer wieder Augenblicke der Trauer, aber an einem Abend im Jahre 2002 war sie überwältigend groß.

Ich arbeitete hinter der Theke in der Flughafenlounge der Delta Airlines und war niedergeschlagen, weil ich meinen Vater vermisste. Tiefe Melancholie überkam mich. Als ich schon im Begriff stand, meinem Arbeitskollegen Bescheid zu sagen, dass ich eher nach Hause gehen würde, öffnete sich die Fahrstuhltür, und ein Mann, der wie mein Vater aussah, kam auf mich zu. Es war wirklich gespenstisch. Mein Vater trug immer Anzug, Krawatte und Hut. Dieser Mann war genauso gekleidet und hatte sogar eine ähnliche Statur.

Er kam auf mich zu und fragte: »Heißen Sie Kathleen?« (Ich trug an diesem Tag kein Namensschild.) Als ich bejahte, fing er an zu singen: »I'll take you home again, Kathleen.« Ich war wie vom Donner gerührt. Er sang alle Strophen, drehte sich um und ging. Er trank nicht einmal etwas. Das war meinem Vater nicht ähnlich – er hätte einen Drink genommen.

Als meine Kollegen mich fragten, wer das gewesen sei, sagte ich ihnen, dass ich diesen Mann noch nie in meinem Leben gesehen hatte. Und auch danach habe ich ihn nicht mehr wiedergesehen.

Seitdem habe ich mit dem Tod meines Vaters Frieden geschlossen. Ich denke, dass Gott uns viele kleine Zeichen gibt. Er weiß, was in uns vorgeht. Wenn er sieht, dass wir leiden, hilft er uns. Ich glaube, Gott schickte mir diesen Mann, um mir zu helfen, meine Traurigkeit zu überwinden.

»Die Vögel fingen an zu singen«

MICHELE CROAN, *Ladeninhaberin*

Meine Mutter starb am 3. Juli 2006. Wir standen uns außerordentlich nahe – wie Schwestern. In der Woche nach ihrem Tod nahm ich den Duft ihres Parfüms und der Seife wahr, die sie benutzt hatte, und das tröstete mich. Alle machten sich um mich und meine Verfassung Sorgen, aber ich hatte ein erstaunliches Gefühl von Vertrauen, wie ich es nie zuvor erlebt hatte. Doch einen Tag nach der Beerdigung machte ich die wichtigste Erfahrung.

Es war ein Sonntagmorgen, und ich setzte mich mit meinem Mann auf die Veranda, um Kaffee zu trinken. Drei Meter von uns entfernt stand ein Baum mit einer Futterstelle für Vögel. Gewöhnlich wimmelte es an der Futterstelle um diese Tageszeit von Vögeln, aber an diesem Morgen waren nur zwei Vögel da, eine Mutter und ihr Junges.

Ich vermutete, dass das Junge zum ersten Mal sein Nest verlassen hatte, denn es wollte gefüttert werden. Ich beobachtete diesen wunderbaren Akt der Natur, bei dem die Vogelmutter ihrem Jungen beibrachte, seine Nahrung selbst zu picken. Mein Mann und ich saßen eine Dreiviertelstunde schweigend da und schauten zu. Ich war wie in Trance, und während ich dem alten und dem jungen Vogel zusah, musste ich an meine Mutter und mich denken.

Nachmittags, als ich allein war und nach draußen ging, waren die beiden Vögel wieder da. Dieses Mal flog der Jungvogel zur Futterstelle, pickte Körner und setzte sich ins Vogelbad, während die Mutter in den Wald flog. Der kleine Vogel saß eine Weile allein da. Ich fühlte mich genauso einsam wie der kleine Vogel. Doch spürte ich, dass meine Mutter mir die Botschaft gab: »Es macht nichts. Du bist selbstständig.« Auch wenn mich das tröstete, kamen mir dennoch die Tränen – Tränen der Erleichterung. In diesem Augenblick fingen die Vögel in den umliegenden Bäumen zu singen an. Dann versammelten sich alle um das Junge an der Futterstelle.

Das beruhigte mich. Auf diese Weise machte Gott mir klar, dass alles gut war und auch gut bleiben würde.

»Ich komme gleich, Opa«

KATHLEEN MACDONALD, *Apothekerin*

Mehrmals in der Woche ging ich zu meiner Tante, um mich um meinen kranken 93-jährigen Großvater zu kümmern. Eines Tages verspätete ich mich um ein paar Minuten und wunderte mich deshalb nicht, als ich beim Hereinkommen hörte, wie mein Großvater nach mir rief. Ich rief zu seinem Zimmer hoch: »Ich komme gleich, Opa«, während die Frau meines Cousins gleichzeitig aus der Küche antwortete: »Sie ist noch nicht da, Opa«, weil sie nicht gesehen hatte, dass ich durch die Tür gekommen war.

Als ich das Zimmer meines Großvaters betrat, um ihm guten Morgen zu sagen, lebte er nicht mehr. Er war offenbar schon eine Weile tot, denn er fühlte sich kalt an, und das Blut hatte sich auf einer Körperseite gesammelt. Während ich die Treppe hinunterlief, informierte ich meine Cousine, dass mein Großvater tot war, und bat sie, den Notarzt zu verständigen. Sie sagte: »Das kann nicht sein. Er hat doch eben deinen Namen gerufen.«

Als die Polizei und die Sanitäter eintrafen und ich sie nach dem ungefähren Eintritt des Todes fragte, meinten sie, er würde mindestens schon drei Stunden zurückliegen.

Schon vor diesem Ereignis glaubte ich fest an Gott, aber diese Erfahrung stärkte meinen Glauben.

»Ich sah die schönste Sternschnuppe«

MARTHA THOMPSON, *Rektoratssekretärin*

Am Tag vor Thanksgiving 2006 starb Larry, ein lieber Freund von mir. An diesem Abend machte ich wie gewöhnlich um zehn Uhr abends einen Spaziergang mit meinen beiden Hunden und sprach mit Gott. Außerdem bat ich auch Larry, mir als Zeichen dafür, dass er im Himmel war, eine wunderbare Sternschnuppe zu schicken. Aber ich sah keine.

Als ich am nächsten Abend wieder meine Runde mit den Hunden machte, äußerte ich dieselbe Bitte, doch wieder sah ich keine Sternschnuppe.

Ich sprach mit niemandem darüber. Nur Gott, Larry, die Hunde und ich wussten davon.

Am nächsten Abend fand die Beerdigung statt, zu der ich mit meinem Mann ging. Meine Tochter war mit uns auf dem Friedhof verabredet. Als sie kam, lief sie auf mich zu und sagte: »Auf dem Weg hierher habe ich gerade die schönste Sternschnuppe gesehen.«

Mein Herz floss über. Ich weinte, weil ich meine Bestätigung bekommen hatte. Gott ließ mich wissen, dass Larry im Himmel war.

»Morning has broken«

RITA WHITEMAN, *Fürsorgerin*

Am 7. Mai 2003 kroch ich zu meiner Mutter ins Bett, sang ihr »Morning has broken« vor und hoffte, dass sie loslassen würde. Es war der letzte Morgen ihres Lebens. Seit sie gestorben ist, mache ich eigenartige Erfahrungen mit der Zeit. Wenn ich zufällig auf die Uhr schaue, und es ist zehn nach zehn, elf nach elf, zwölf nach zwölf und so weiter, blicke ich an den Himmel und sage: »Hallo, Mama.« Es scheint öfter zu geschehen als zufällig.

Am 31. Oktober 2006, dem Geburtstag meiner Mutter, lag mein Bruder im Sterben. Ich arbeitete an diesem Tag zu Hause und hatte das Radio an, und da erklang »Morning has broken«. Als ich auf die Uhr schaute, war es elf nach eins. Da schien es mir fast so, als würde ich die Stimme meiner Mutter hören. Ich spürte, dass sie um mich herum war und mir sagte: »Mach dir keine Sorgen. Ich werde da sein, um ihn abzuholen.«

Mein Bruder starb friedlich gegen acht Uhr abends. Ich habe keinen Zweifel, dass sie kam, um ihn in Empfang zu nehmen.

Mich interessiert nicht, welche Religion jemand hat. Ich

glaube, dass es einen Gott gibt, der über uns alle wacht. Ich glaube, dass wir in vielen Gestalten und Formen und auf viele Weisen weiterleben.

»Wie groß bist du«

PATI FREY, *Vertriebsleiterin i. R.*

Als meine Schwiegermutter Ann achtzig wurde, flog die gesamte Familie als Geburtstagsüberraschung nach Naples in Florida, wo Ann jedes Jahr den Winter verbrachte. Sie freute sich über alle Maßen, dass ihre Kinder, ihr Bruder und ihre Schwestern gekommen waren. Es war ein wunderbarer Tag.

Nur wenige Wochen später erkrankte sie schwer, bedingt durch Komplikationen nach einer Wirbelsäuleninfektion. Sie flog zurück nach Pennsylvania, um sich in ärztliche Behandlung zu begeben, und wir hielten rund um die Uhr Wache an ihrem Bett. Erschöpft vom Beten, schlug ich eines Abends vor zu singen. Acht von uns bildeten einen Kreis um sie und sangen ihr Lieblingslied, den Gospelsong »How great thou art – wie groß bist du«. Am nächsten Morgen starb sie.

Am Tag der Beerdigung wurde ich gebeten, mit ihrem Auto zur Kirche zu fahren. Ich hatte meine beiden Kinder dabei. Wir waren in feierlicher Stimmung und ließen das Radio ausgeschaltet, denn mir war nach Stille zumute.

Als wir vor der Kirche eintrafen, ging das Radio von selbst an, und »How great thou art« erklang, nur dieses eine Lied –

nichts anderes vorher. Meine Kinder können bezeugen, dass ich das Radio nicht angefasst habe. Es ließ sich vom Fahrerplatz aus auch gar nicht bedienen.

Für mich war das der Beweis, dass Gott da war. Ich hätte nie gedacht, dass ich seine Gnade so hautnah erleben würde. Mir war, als ob Ann sagte: »Es ist in Ordnung. Mir geht es gut. Allen anderen wird es auch gut gehen.«

»Donald hat uns ein Zeichen geschickt!«

JULIA BONADONNA DZIEWISZ, *College-Professorin*

In der letzten Woche seines Lebens konnte mein Bruder Donald nicht mehr sprechen, aber wir wussten, dass er hörte, was wir sagten. Zehn Angehörige waren bei ihm zu Hause versammelt, als er starb. Genau zwei Stunden später stand ein riesiger Regenbogen über dem Haus, für den es keine natürliche Erklärung gab. Der Himmel war bedeckt, und es regnete nicht. Als ich ihn sah, sagte ich: »Schaut mal, Donald hat uns ein Zeichen geschickt.« Dann erzählte ich meinen Verwandten, dass ich Donald vor seinem Tod ins Ohr geflüstert hatte, er solle mir aus dem Jenseits ein Zeichen schicken, dass es ihm gut ging und er im Himmel war. Auch meine beiden Schwestern gestanden, dass sie ihn um ein Zeichen gebeten hatten.

Als wir Donalds Frau herbeiriefen, damit sie sich den Regenbogen anschaute, und ihr von unserer Bitte an Donald erzählten, sagte sie, dass auch sie sich ein Zeichen gewünscht hatte. Auch sie hatte Donald gebeten, ihr einen Regenbogen zu schicken!

Anfangs dachte ich: »Das ist ein wunderschöner Regenbogen. Aber hat er wirklich etwas mit meinem Bruder zu

tun?« Vielleicht war es nur Zufall. Dann dachte ich an meine
Eltern – denen der Verlust ihres einzigen Sohnes sehr zu Herzen ging – und meinen siebenjährigen Neffen, der gerade
seinen Vater verloren hatte. Hauptsache, sie glaubten, dass
Donald den Regenbogen geschickt hatte. Das war das Wichtigste. Ich selbst brauchte mehr Beweise.

Ich glaube, dass mein Bruder meine Skepsis spürte, denn
jedes Mal, wenn mir der Gedanke kam, dass es sich um einen
Zufall handeln könnte, erschien an einem wichtigen Datum
ein weiterer Regenbogen. Am ersten Todestag meines Bru-
ders stand ein doppelter Regenbogen über dem Haus seiner
Frau und seines Sohnes. Ich habe ein Foto davon. Mein Glaube an Gott wurde durch den ersten Regenbogen gestärkt und
durch alle weiteren Regenbogen gefestigt, die ich danach
gesehen habe.

»Abgrundtiefer Kummer und Traurigkeit«

TERESA PARADIS, *Leiterin eines Tierasyls*

Als junges Mädchen träumte ich davon, für eine Organisation zu arbeiten, die Pferde rettete. Im Jahre 1996 eröffnete ich die *Live-and-Let-Live*-Tierfarm. Es handelt sich um ein Tierheim, in dem Pferde und andere Tiere aufgenommen werden, denen Misshandlung, Vernachlässigung, Ausgesetztwerden oder Verhungern drohen.

Im März 2004 erhielt ich einen Anruf von einer Frau aus unserem Vorstand, die mich um Hilfe bat. Wie Nancy berichtete, war Harry, ein Freund von ihr, todkrank und machte sich Sorgen um seine Pferde. Harry liebte seine drei Pferde über alles in der Welt, doch ein Verwandter wollte sie nach seinem Tode einschläfern lassen. Harrys Frau hoffte, dass ich sie aufnehmen könnte.

Ich verabredete mich mit Harry und seiner Frau Hope um ein Uhr mittags, beschloss aber, mir zunächst mit Nancy die Pferde anzusehen. Bei unserer Ankunft standen sie auf einer Weide hinter der Scheune und sahen sehr zufrieden aus. Sie folgten uns und ließen sich am Hals tätscheln, streicheln und in die Nüstern blasen. Als wir gingen, trabten sie mit uns durch die Scheune bis zum Zaun zurück.

Als ich ins Auto steigen wollte, fiel mein Blick noch einmal auf die Pferde. Ihr Verhalten hatte sich völlig verändert. Sie wirkten zusammengesackt und ließen den Kopf hängen. Sie sahen aus, als weinten sie. Ich war tief berührt. In meinem ganzen Leben hatte ich noch nie solche Traurigkeit erlebt – abgrundtiefen Kummer und Traurigkeit. Ich schaute Nancy an und sagte: »Mein Gott, Nancy, diese Pferde sind so traurig. Sie müssen Harry sehr vermissen.«

Dann fuhren wir zu Harry, der fünf Minuten entfernt wohnte. Als wir eintrafen, kam Hope an die Tür und sagte: »Harry ist eben gestorben. Ich habe den Pfarrer gerufen.« Ich bekam eine Gänsehaut, als mir klar wurde, was geschehen war.

Als die Pferde so traurig aussahen, müssen sie gewusst haben, dass Harry sich genau in diesem Augenblick von der Welt verabschiedete. Inzwischen bin ich fest davon überzeugt, dass Harry erst starb, als er wusste, dass seine Pferde in guten Händen waren. Nur wenige Augenblicke, bevor ich ihre Traurigkeit sah, hatte ich beschlossen, sie alle drei bei uns aufzunehmen.

Mit Tieren, die wir lieben, sind wir seelisch eng verbunden. Harry liebte seine Pferde. Wenn ich vorher nicht gläubig war, so wurde ich es damals an Ort und Stelle.

»Er ging durch mich hindurch«

MARK MCENTEE, *Komponist*

Michael Hutchence war ein guter Freund von mir und ein sanfter Mensch mit einer wunderbaren Seele. Uns verband nicht nur der Umstand, dass wir beide australische Musiker waren, wir teilten auch dasselbe Interesse an Kultur. Er war ein sehr gebildeter Mensch.

Wenn wir Zeit hatten, ließen wir gemeinsam die Seele baumeln. Manchmal passierte das in Sydney, wo wir beide im selben Aufnahmestudio arbeiteten, und manchmal in Amerika, wenn er mit seiner Band INXS tourte und ich mit den Divinyls.

Michael starb am 22. November 1997. Ein paar Monate nach seiner Beerdigung arbeitete ich im Aufnahmestudio in Sydney. Ich hatte den Instrumentalteil abgemischt und nahm gerade die Gesangsstimmen auf. Als ich mich hinten in den Raum stellte, um mir das Playback anzuhören, fühlte ich, dass Michaels Seele durch mich hindurchging, und spürte seine Schwingung. Es war eine wunderbare Energie – seine Energie. Und dann hörte ich ihn tief im Innern sagen: »Ich bin an einem herrlichen Ort.«

Das Erlebnis dauerte etwa zehn Sekunden. Anschließend

sagte ich zu den anderen im Raum: »Stellt euch vor, ich hatte gerade Kontakt mit Michael Hutchence.«

Es war ein sehr lebendiges, echtes Gefühl. Etwas Vergleichbares habe ich vorher nie erlebt.

Danach war für mich klar, dass es ein Leben nach dem Tode gibt. Es bestätigte mir, dass sich die Essenz von Michaels Seele – seine Jugend und Energie – an einem guten Ort aufhielt und es nach dem Tod tatsächlich weitergeht.

»Ich glaube nicht an Zufälle«

EARL BRECHLIN, *Journalist*

Ich glaube nicht an Zufälle. Wir alle neigen dazu, besondere Ereignisse und Augenblicke von kosmischer Klarheit schulterzuckend als Zufall abzutun. Meistens nehmen wir nicht einmal wahr, dass sie stattgefunden haben. Oft haben wir zu viel zu tun, sind überarbeitet oder vergessen einfach, dass die Ereignisse um uns herum in einem inneren Zusammenhang stehen. Wenn wir einen Schimmer dieser Einsicht erhaschen, wenn ein emotionales Echo in unserer Seele entsteht, tun wir es oft als Déjà-vu-Erlebnis ab. Wenige Menschen haben die Zeit oder Neigung, darüber nachzudenken, wodurch ihre Gefühle ausgelöst wurden, sie durch alle Schichten hindurch bis zur Ursache zurückzuverfolgen und ihren Kern zu enthüllen. Solche Bruchstücke und die mit ihnen verknüpften Erinnerungen tauchen manchmal wie aus dem Nichts auf. Alles Mögliche kann sie auslösen – ein flüchtiger Gedanke, ein vertrautes Lichtmuster, ein Klang, ein Duft oder das sanfte Streicheln einer Sommerbrise. Zu anderen Zeiten erhalten wir hingegen deutliche Zeichen, unmissverständliche Botschaften, die sich nicht übersehen lassen.

Letzteres erlebte ich im Juli 2002. Ich fuhr zurück nach

Hause in Bar Harbor, Maine, nachdem ich in einer Buchhandlung mein Ansichtskartenbuch *Bygone Bar Harbor* vorgestellt hatte. Ich dachte an meine bevorstehende Hochzeit und wünschte, einige meiner lieben verstorbenen Verwandten könnten dabei sein.

Dabei kam mir meine Großmutter Barbara Brechlin (Baba) in den Sinn. Ich war nach ihrem Mann Earl benannt worden, der kurz vor meiner Geburt gestorben war. Obwohl ich meinen Großvater nie kennengelernt hatte, bewahrte ich die Erinnerung an ihn, nicht nur als sein Namensvetter, sondern auch als Hüter eines hochgeschätzten Symbols seiner Liebe.

Kurz vor ihrem Tod vermachte mir Baba den Diamantring, den sie von Earl 1929 in Meriden, Connecticut, zur Verlobung bekommen hatte. Mir war klar, dass es ihr nicht leichtfiel, etwas zu verschenken, was sie über fünfzig Jahre an ihrem Herzen getragen hatte. Sie wollte, dass ich ihn der Frau gab, die ich liebte. Ich hatte ihn 15 Jahre bewahrt, bis ich Roxie einen Antrag machte.

Als ich zu Hause war, begann ich, die vielen tausend Ansichtskarten, die ich von Mount Desert Island und dem Acadia National Park in Maine besaß, nach einer bestimmten Ansichtskarte zu durchforsten, um die ein Freund mich gebeten hatte.

In einer Plastikhülle steckten jeweils zwei Karten, eine auf der Vorder- und eine auf der Rückseite. In allen Ordnern, die ich durchblätterte, gab es nur eine einzige Hülle, in der eine Karte fehlte. Obwohl ich selten einen Blick auf die beschriebene Rückseite der Ansichtskarten werfe, blieb mein Blick an dieser hängen. Ich konnte kaum fassen, was ich sah. Es war eine Ansichtskarte aus Bar Harbor, adressiert an Mrs. Earl Brechlin, Colony Street, Meriden, Connecticut, abgestempelt im Juli 1956.

Bis dahin hatte ich nicht gewusst, dass ich eine Karte besaß, die Baba einmal in Händen gehalten hatte – eine Ansichtskarte, die in dem Haus angekommen war, in dem ich vor ungefähr 46 Jahren gewohnt hatte, verschickt aus dem Ort, an dem ich jetzt lebe. Und dann das Datum auf der Karte: der 11. Juli. Meine erste Verabredung mit meiner Verlobten Roxie hatte am 11. Juli stattgefunden.

Wie konnte eine Ansichtskarte aus Bar Harbor, die jemand an dem besagten Tag vor 46 Jahren geschrieben hatte, zufällig bei einem Händler in Massachusetts landen, der sie zufällig bei einer Antiquitätenschau in Connecticut an mich verkaufte? Und wie war es möglich, dass ich sie zufällig erst zwei Jahre später entdeckte, nur wenige Minuten, nachdem ich an die Frau gedacht hatte, die mir ihren kostbarsten Besitz vermacht hatte, den meine Braut in ein paar Tagen tragen würde?

Konnte all das nur auf Zufall beruhen? Wohl kaum. Hier ging es um etwas viel Beeindruckenderes als nur um eine alte Ansichtskarte. Hier war ein spirituelles Echo, eine emotionale Schwingung, ein Zeichen, abgestempelt in Maine, um Jahre später in der Zukunft anzukommen, eine Botschaft, scheinbar verloren, aber dazu bestimmt, gefunden zu werden, in einer erstaunlichen kosmischen Kollision von Leben, Liebe und Zeit.

10

»Ich muss euch etwas beichten«

Eine Intuition haben

»Es war eindeutig Gott«

STEPHEN SMITH, *pensionierter Inspektor*
für Heizungs-, Lüftungs- und Klimaanlagenbau

Im Jahre 1972 waren meine Frau und ich vier Jahre verheiratet. Wir verstanden uns nicht sonderlich gut. Wir hatten zwei Kinder: eine dreijährige Tochter und einen knapp ein Jahr alten Sohn.

Ich arbeitete damals in Chicago an einem Hochhausbau als Blechschlosser. Eines Tages setzte mich meine Frau bei der Arbeit ab und brachte mir an diesem Tag weder mein Mittagessen, noch holte sie mich nach der Arbeit ab. Als ich nach Hause kam, stellte ich fest, dass sie die Koffer gepackt hatte und gegangen war. Sie war weg und hatte die Kinder mitgenommen.

Ich nahm an, dass sie zu ihrem Vater nach Georgia zurückgekehrt war, aber ich wusste nicht, wie ich ihn erreichen konnte. Ich erkundigte mich bei Freunden und Angehörigen, doch sie hatte niemanden in ihre Pläne eingeweiht, und niemand wusste, wo sie sich aufhielt.

Auch wenn ich davon ausging, dass ich früher oder später von ihr hören würde, suchte ich dennoch weiter. Als ich nach sechs Wochen immer noch kein Lebenszeichen erhalten hatte, fing ich an, mir immer größere Sorgen um die Kinder zu machen und sie zu vermissen. Im Laufe der Zeit tauchte ein Gedanke auf, der immer stärker wurde. Ich dachte: »Sie sind irgendwo hier in der Nähe.« Ich hielt überall nach ihnen Ausschau und sprach jeden an, den ich kannte, aber keiner wusste etwas. Dennoch wurde ich den Gedanken nicht los. Schließlich kam ich auf die Idee, mich an eine Frau zu wenden, die wir mehr als ein Jahr zuvor ein- oder zweimal als Babysitterin engagiert hatten und die ich damals unsympathisch gefunden hatte, weil ich sie nicht für verantwortungsbewusst hielt und ihr Haus keinen sauberen Eindruck machte. Mir fiel jedoch nicht ein, wo sie wohnte, und überdies dachte ich, dass es keinen Sinn hatte, sich an sie zu wenden, denn die Sache war schon lange her.

Doch der Impuls wurde stärker, und ich begann darüber nachzugrübeln, in welchem Viertel sie wohnte. An einem Freitag nach der Arbeit war der Impuls so stark, dass ich an nichts anderes mehr denken konnte. Ich setzte mich ruhig hin, um mich zu konzentrieren. Da fiel mir ihre Adresse ein, und ich setzte mich ins Auto und fuhr hin.

Ein Kind öffnete mir die Tür, und als ich eintrat, lief mir meine Tochter entgegen. Mein Sohn stand in einem Laufstall und hielt sich an den Gitterstäben fest, und als er mich sah, hob er seine kleinen Arme und fing an zu weinen.

Ich erfuhr, dass meine Frau die Kinder bei der Babysitterin abgegeben und ihr für zwei Wochen den Lohn gezahlt hatte, ohne dass sie zurückgekommen war oder sich noch einmal gemeldet hatte. Da die Frau vergessen hatte, wo sie mich finden konnte, hatte sie die Kinder jetzt schon sechs Wochen

bei sich behalten. Ich kam an einem Freitag. Am darauffolgenden Montag wollte sie die Kinder zum Jugendamt bringen.
Dann wären sie in die Mühlen der Bürokratie geraten, und
ich hätte weiter geglaubt, sie seien bei meiner Frau, und hätte
sie für immer verloren.

In diesem Augenblick schwor ich mir, sie nie mehr aus den
Augen zu lassen, und diesem Schwur bin ich treu geblieben,
bis sie erwachsen waren.

Es war eindeutig Gott, der mich zu den Kindern geführt hat.
Von allein wäre mir weder diese Frau eingefallen, noch wäre
ich zu ihr hingefahren, wenn da nicht dieser konstante Impuls
gewesen wäre, der immer stärker wurde, bis ich zu ihnen geführt wurde. Seitdem vertraue ich stets auf Gott.

»Es war, als hätte ich etwas vergessen«

JAMES MATEKA, *Bauleiter*

Als ich am 20. November 1971 auf einer Party war – ich studierte im zweiten Jahr an der Universität von Albuquerque –, überkam mich plötzlich das Gefühl wie ein Ruf oder Instinkt, dass ich ins Studentenwohnheim auf dem Campus zurückkehren sollte. Es war, als hätte ich etwas vergessen, so wie wenn man sich nicht sicher ist, ob man beim Weggehen die Wohnungstür abgeschlossen hat. Ich verließ die Party und fuhr ins Studentenwohnheim. Als ich gerade im Aufenthaltsraum an einer Reihe von zwölf oder fünfzehn Münztelefonen vorbeiging, klingelte eins, und ohne ersichtlichen Grund hob ich ab. Es war mein Vater, der mich aus Chicago anrief und mir mitteilte, dass meine Großmutter gestorben war.

Am nächsten Morgen flog ich nach Chicago zu meiner Familie, um an der Beerdigung teilzunehmen.

Ich denke oft daran, wie verschwindend gering die Wahrscheinlichkeit dafür war, dass ich diesen Anruf erhielt. Ich glaube, dass Gott mir auf die Schulter tippte, damit ich die Party verließ und an das läutende Telefon ging – was sonst nicht geschehen wäre.

»Eine Sekunde später –
und es wäre zu spät gewesen«

RON VANDERVALK, *Inhaber einer Softwarefirma*

Im Jahre 1997 programmierte ich in Heimarbeit Computersoftware. Mein Sohn war fünf und meine Tochter sechs. Mein Heimbüro grenzt an mein Schlafzimmer und ist durch Schiebetüren davon getrennt. Die Kinder saßen auf meinem Bett und guckten Fernsehen, während ich am Computer arbeitete. Ich hatte die Türen geschlossen, um die Geräusche des Fernsehers zu dämpfen.

Ungefähr nach einer Stunde hörte ich plötzlich ohne ersichtlichen Grund mitten im Satz zu tippen auf und erhob mich, um nach den Kindern zu sehen. Es war äußerst merkwürdig. Als ich die Schiebetüren öffnete, blieb mir beinahe vor Schreck das Herz stehen, und ich schrie: »Halt!« Meine Tochter stand auf der Bettkante meinem Sohn gegenüber, der gerade mit den Armen ausholen wollte, um sie vom Bett zu stoßen.

Sie stand exakt in einer Linie mit der Ecke des Schreibtisches, und bei ihrer Größe und ihrem Standort wäre sie hinterrücks mit dem Kopf genau auf die Ecke des Möbelstücks geprallt.

Ich denke immer noch staunend an diesen unerklärlichen Vorfall. Ich bin kein besonders religiöser Mensch, aber ich glaube von ganzem Herzen, dass es eine Eingebung Gottes war, die mich damals aufstehen ließ, um nach dem Rechten zu sehen. Ich hatte viel zu tun und keine Veranlassung, mitten im Satz aufzustehen. Es war mehr als reiner Zufall, dass ich gerade in dem Augenblick die Tür öffnete, als mein Sohn meine Tochter vom Bett stoßen wollte. Eine Sekunde später, und es wäre zu spät gewesen.

»Ich danke Gott für diese Eingebung«

BETTE LU FORSYTHE, *Apothekerin i. R.*

Im Oktober 1997 hatte ich einen Termin bei meinem Hausarzt Dr. Trevino (»Dr. T«) zum alljährlichen Routine-Check-up, bei dem er die üblichen Blutuntersuchungen vornahm. Als ich ihn bat, meinen Brustkorb zu röntgen, weil mir einfiel, dass jahrelang keine Thoraxaufnahme mehr gemacht worden war, fragte Dr. T: »Haben Sie denn irgendwelche Beschwerden?« Ich verneinte. Da klärte er mich darüber auf, dass die Krankenkasse in diesem Fall nicht die Kosten übernehmen würde. Dennoch hatte ich das deutliche Gefühl, ich solle die Untersuchung machen lassen und sie selbst zahlen.

In der darauffolgenden Woche rief mich Dr. T an, weil er auf den Röntgenbildern einen Schatten auf einem Lungenflügel gesehen hatte. Weitere Untersuchungen ergaben den Verdacht auf Lungenkrebs. Nach einer Reihe von Untersuchungen bei Spezialisten wurde ich operiert, und bei der Entfernung des Lungenlappens entpuppte sich der dunkle Schatten als Krebs.

Später fragten mich drei Spezialisten, wie ich auf die Idee gekommen sei, mich röntgen zu lassen. Ich konnte es ihnen nicht beantworten. Es war ein Gefühl, das ich nicht erklären konnte. Ich danke Gott für diese Eingebung. Warum habe ich darauf gehört? Ich weiß es nicht. Ich bin nur eine ganz gewöhnliche Frau. Ich glaube, wenn Menschen sensibel sind und hören, erhalten sie Botschaften, und ihr Leben ändert sich. Dieses Erlebnis bestätigte mir die Existenz einer höheren Macht.

»Ich muss euch etwas beichten«

DONNA ORCHARD, *Lehrerin*

Als wir eines Nachmittags im Herbst 1998 aus dem Kino kamen und auf der Heimfahrt waren, begann mein 19-jähriger Sohn, am Steuer zu zittern und mit weißen Knöcheln das Lenkrad zu umklammern. Als er sagte: »Hört mal, ich muss euch etwas beichten«, verschwand unsere unbeschwerte Laune. »Na dann los«, erwiderte sein Stiefvater, mein Mann, und wir nickten beide. Mein Sohn sah uns über die Schulter an und sagte: »Ich bin schwul.«

Ich schaute meinen geliebten Sohn an, der einer der Besten seines Jahrgangs im College war und als erster Tenor im Kirchenchor sang. Ich vermute, meine Reaktion war typisch. Ich weinte genauso, wie er im Einkaufszentrum geweint hatte, als er begriff, dass es keinen Weihnachtsmann gibt. Ich schrie etwas von Aids und dass ich keine Enkel haben würde. Meine Gedanken überstürzten sich: »Wird mein Sohn auf Single-Bars und Partnerwechsel angewiesen sein und niemals Liebe finden? Was, wenn er in Alabama in der falschen Bar landet?« Ich haderte mit Gott. »Das Leben ist auch so schon schwer genug. Mein wunderbarer Sohn ist zärtlich, warmherzig und kennt keine Gewalt. Wie kann ich ihn schützen?

311

Werden sie ihn am Arbeitsplatz fair behandeln, oder werden sie ihn feuern, wenn sein Chef es herausfindet? Wird er weit weg von mir in San Francisco oder New York leben müssen, um weniger Schwierigkeiten zu haben? Werden wir räumlich und durch einen Lebensstil getrennt sein, den ich nicht verstehe? Gott, wie konntest du mir das antun?« Ich bin als traditionelle Baptistin groß geworden – ein schwuler Sohn gehörte nicht zum Plan!

Als wir dreißig Minuten später ausstiegen, ging ich auf meinen Sohn zu, und wir umarmten uns. In diesem Augenblick entspannte ich mich innerlich und erlebte den vollkommenen Frieden Gottes. »Benjamin«, sagte ich. »Nichts, was du mir sagst, würde je zur Folge haben, dass ich dich weniger liebe.«

Nach einer halben Stunde war ich von der typischen Reaktion einer Mutter – »Das Leben ist auch so schon schwer genug« – zu dem Gedanken übergegangen: »Natürlich ist Benjamin schwul.« Ich spürte während der ganzen Zeit Gottes Gegenwart.

Ich persönlich glaube, dass es die höhere Macht war – die ich Gott nenne –, die eingriff und mir erlaubte, die Sache als etwas Gutes zu betrachten. Inzwischen kann ich mir gar nicht mehr vorstellen, dass mein Sohn *nicht* schwul ist.

»Sie kam nicht mehr zu Bewusstsein«

RON SKARBO, *Möbeleinzelhändler*

Im November 1996 beschloss ich etwas zu tun, was ich noch nie in meinem Leben getan hatte: Ich wollte übers Wochenende von Seattle nach Palm Springs in Kalifornien fliegen, um mir ein Golfturnier anzuschauen. Da diese Idee völlig untypisch für mich war, glaubte ich, meine Frau würde mich für verrückt erklären, wenn ich ihr den Vorschlag machte. So etwas war bei uns nicht üblich. Es war zu spontan. Aber sie war einverstanden.

Meine Frau, unser jüngster Sohn und ich flogen also nach Palm Springs, um uns ein Profi-Golfturnier anzuschauen, das einmal im Jahr ausgetragen wird, das sogenannte *Skins Game*. Da meine Eltern in der Gegend ein Winterquartier hatten, überraschten wir sie am Samstagabend mit unserem Besuch. Sosehr sie sich auch freuten, waren sie dennoch enttäuscht, dass wir nicht mehr Zeit für sie eingeplant hatten. Also boten wir ihnen an, mit ihnen am nächsten Abend nach dem Golfturnier essen zu gehen. Wir verabredeten uns für sechs Uhr.

Das Turnier dauerte länger als geplant, und als wir gegen acht Uhr bei meinen Eltern eintrafen, hatten sie bereits gegessen. Ich entschuldigte mich und erklärte die Gründe, aus denen wir sie versetzt hatten, aber ganz gleich, was ich sagte, meine Mutter war eingeschnappt. Im Laufe des Abends versuchte ich alles Mögliche, um ihre Laune wieder zu heben. Meine wiederholten Entschuldigungen und ihre trotzige Weigerung, sie zu akzeptieren, grenzten irgendwann an Komik. Schließlich stellte ich mich vor sie hin, nahm ihren Kopf in meine Hände, schaute ihr in die Augen, küsste sie und sagte ihr, es tue mir leid, dass ich unsere Verabredung nicht eingehalten hätte und dass ich sie liebe. Schließlich war sie über ihren Ärger hinweg und lachte mit uns über ihre Sturheit.

Am nächsten Morgen flogen wir nach Hause, und gegen Mittag saß ich wieder im Büro. Eine Stunde später bekam ich einen Anruf von meinem Vater und erfuhr, dass meine Mutter mit einem Aneurysma bewusstlos ins Krankenhaus eingeliefert worden war.

Nach am selben Nachmittag flog ich nach Palm Springs zurück und verbrachte die Woche mit meinem Vater und Besuchen bei meiner Mutter im Krankenhaus. Sie starb, ohne das Bewusstsein wiedererlangt zu haben.

Aus einem unerfindlichen Grund hatte ich den letzten Abend, an dem meine Mutter bei Bewusstsein war, mit ihr verbracht, freundlich zu ihr gesprochen, ihr in die Augen geschaut, sie geküsst und ihr klargemacht, dass ich sie liebte. Für mich steht außer Zweifel, dass das ein wunderbares Geschenk Gottes war.

»Ich war jetzt ihre Geisel«

JORDAN RICH, *Rundfunkjournalist*

Ich habe mein Leben lang das Werk Gottes bewundert. Ein dramatisches Erlebnis erinnert mich ganz besonders an meine tiefe Beziehung zu ihm.

Es war ein klarer Herbsttag in Neuengland im Oktober 1992. Ich hatte gerade meine Frühschicht bei einem Musiksender in Boston beendet und fuhr in einen nahe gelegenen Hifi-Laden, um einen Verstärker abzuholen, den ich hatte reparieren lassen. Es war gegen halb elf morgens, mitten in einer belebten vorstädtischen Einkaufsmeile. Ich parkte meinen Jeep vor dem Laden und ging durch die Eingangstür, während ich mich in Gedanken auf all die Dinge konzentrierte, die ich an diesem Tag noch erledigen musste.

Ich hatte nicht den Mann mit Kapuze bemerkt, der ruhig vor dem Laden stand. Als ich hineinging, folgte er mir und hielt mir eine Schrotflinte ins Genick. Ich fühlte den kalten Stahl des Laufs und befolgte seine fluchenden Kommandos, ja keine Dummheiten zu machen. Dann stießen wir zu seinen drei Komplizen, die bereits die Ladeninhaber in Schach hielten.

Die Inhaber knieten gefesselt mit dem Gesicht auf dem

Boden. Die Gangster machten mir klar, dass sie mich bei der ersten Bewegung »wegpusten« würden und ich jetzt ihre Geisel war. Sie brachten meine Brieftasche und meine Schlüssel an sich, zwangen mich ein paar Stufen hoch in eine kleine Kammer und schärften mir ein, ich solle mich nicht rühren.

Das Ganze kam mir so unwirklich vor wie ein Film. Ich war mitten in einen bewaffneten Raubüberfall geraten – hier an einem strahlenden, sonnigen Morgen. Ich dachte, wie unnötig und absurd es wäre, wegen so etwas Trivialem wie einem Verstärker zu sterben.

Als ich mein Leben Revue passieren ließ, stellte ich mir meine Frau Wendy vor, die mit unserem zweiten Kind im achten Monat schwanger war. Ich musste unablässig an das Baby denken, das ich vielleicht nicht mehr kennenlernen würde. Als ich aus tiefstem Herzen betete, überkam mich ein Gefühl von Ruhe. Gott schien bei mir zu sein. Eine Stimme in meinem Innern wiederholte immer wieder, dass mir nichts passieren würde und ich mir keine Sorgen zu machen brauchte. Die Stimme hörte sich zwar wie meine eigene an, aber sie strahlte eine Zuversicht und Ruhe aus, die nur von einer höheren Macht kommen konnten. Sie hielt mich davon ab, in Panik zu geraten, und so konnte ich in der halben Stunde, in der ich in der Gewalt der Gangster war, ruhig atmen und mich entspannen.

Die Gangster erbeuteten eine kleine Menge Bargeld und ein paar Hifi-Geräte. Ich ging heil aus dieser beängstigenden Erfahrung hervor und wusste, dass Gott zweifellos noch andere Pläne für mich hatte. Ich sollte damals noch nicht sterben. Er hielt noch viel Leben, Liebe und Lernen für mich bereit.

Nicht lange danach tippte er mir noch einmal auf die Schulter. Sein Timing war perfekt. Einen Monat nach dem Raubüberfall hatte ich auf der Entbindungsstation gerade die Geburt meines Sohnes Andrew miterlebt, als das Telefon klingelte. Es war die Sekretärin des Bezirksstaatsanwalts, die mich anrief, um mir mitzuteilen, dass die vier des Raubes Verdächtigen festgenommen worden waren.

Ich schaute nach oben und dankte Gott, dass er den Gesetzeshütern geholfen hatte, den Fall zu lösen, und mir während des Überfalls beigestanden hatte. Er war bei mir an dem Tag, als ich in Lebensgefahr schwebte, ebenso wie in dem wunderbaren Augenblick, als Andrew zur Welt kam. Ich bin eben ein Glückspilz.

»Jetzt oder nie«

BARRY BLOOM, *Geistlicher*

Im Januar 1992 studierte ich Theologie und lebte seit drei Jahren mit Amanda zusammen. Sie hatte klare Vorstellungen vom Leben: Sie wollte die Zukunft anpacken, heiraten und ein Kind haben. Ich war 41 und sie 34. Ich hatte vier Jahre vorher eine schwierige Scheidung hinter mich gebracht und war noch nicht bereit, mich wieder zu binden. Nachdem ich drei Hochzeitstermine festgesetzt und wieder abgeblasen hatte, stellte Amanda mich vor die Wahl. Sie lautete: jetzt oder nie.

Ich war sehr unglücklich. Beide Alternativen schienen mir unerträglich. Also tat ich, was ich häufig tue, wenn ich unglücklich und verwirrt bin. Ich begann zu beten. Ich nahm meinen alten Campingbus und fuhr in einen Naturpark in der Nähe unseres Wohnorts in Colorado.

Amanda hatte mir eine Lakota-Friedenspfeife geschenkt. Nach der indianischen Tradition bekommt man sie von einem Menschen geschenkt, der einem nahesteht und die Seele des Empfängers sehr gut kennt. Nachdem ich sie erhalten hatte, unterwies mich ein Medizinmann der Lakota in den Pflichten, die mit der Pfeife zusammenhängen. Wenn ich die Pfeife annahm, stimmte ich zu, mein Leben friedlich zu leben, möglichst nicht aus Ärger heraus zu handeln und Mitgefühl gegenüber anderen walten zu lassen. Ich nahm die Verpflichtungen sehr ernst.

Es war einer dieser sonnigen und warmen Januartage, wie sie nur gelegentlich im Westen der USA vorkommen. Ich rutschte an den äußersten Rand der Schiebetür meines Wohnwagens, um so weit wie möglich in der warmen Sonne zu sitzen. Ich schaute auf die Berge und bereitete mich darauf vor, die Friedenspfeife anzuzünden.

Da erschienen zwei Seeadler weit oben am Himmel. Es handelte sich offensichtlich um ein Paar. Sie kreisten langsam und kamen immer näher, bis sie sich schließlich direkt über meinem Kopf befanden, weniger als 30 Meter über mir. Ich verstand auf der Stelle, aus welchem Grund die Adler da waren und was ich damit anfangen sollte.

In diesem Augenblick wusste ich, dass Gott mir ein Zeichen gab. Ich war der Heirat gegenüber ambivalent gewesen. Jetzt hatte ich vollkommene Klarheit und wusste, was ich zu tun hatte.

Nachdem das Paar etwa eine Minute gekreist war, schwang es sich wieder in die Lüfte, wurde vom Aufwind erfasst und verschwand.

Ich brachte rasch mein Ritual zu Ende, fuhr auf schnellstem Wege nach Hause, rannte ins Haus und sagte Amanda, es sei an der Zeit zu heiraten.

Drei Wochen später wurden wir von unserem Freund, dem Lakota-Medizinmann, und einem unitarisch-universalistischen Geistlichen getraut.

Unsere Tochter Hannah Joy kam am 12. Januar 1994 zur Welt, und kürzlich haben wir unseren 15. Hochzeitstag gefeiert. Wir sind glücklich miteinander!

»Ich wurde förmlich von Gedanken bombardiert«

CARLA CAMERON, *Fotografin*

Ich steckte in meinem Leben in einer Phase, in der ich mich fragte, ob Gott mich vergessen hatte. Ich hatte ihn um die Gabe der Heilkraft gebeten und hatte sie nicht erhalten. Mein Gebet war nicht erhört worden, ohne dass ich verstand, warum.

Es war unmittelbar nach Thanksgiving, und ich machte mir gerade ein Putensandwich, als mein Sohn, der noch nicht ganz ein Jahr alt war, zu quengeln anfing. Ich gab ihm ein kleines Stück Brot und legte weiter Scheibe für Scheibe von dem Putenfleisch auf mein Sandwich. Als ich zu meinem Sohn blickte, sah ich, wie er das Putenfleisch anstarrte. Ich wusste, dass es das war, was er wollte, aber er konnte noch kein Fleisch kauen. Deshalb gab ich ihm einen Keks – ich nahm an, das würde helfen. Doch zu meiner Verwunderung funktionierte es nicht. Er hatte das Brot in der einen Hand zerquetscht und den Keks in der anderen. Er wollte das Putenfleisch und fing an zu weinen. Ich hatte Mitleid mit ihm. Ich wusste, wie sehr er auf das Fleisch aus war, aber er hätte daran ersticken können. Ich durfte es ihm einfach nicht geben.

Da ging mir etwas auf. Ich wurde förmlich von Gedanken bombardiert, als hätte ich plötzlich Gottes Frequenz im Radio eingestellt. Gott erreichte mental meine Aufmerksamkeit und sprach zu meinem Herzen. Er sagte: »Carla, mein Kind, du verhältst dich genauso wie dein Baby. Ich habe dir mein Wort gegeben, und es hat nicht genügt. Dann habe ich dir die vielen Talente und Gaben offenbart, die ich für dich ausersehen habe, und du hast sie als wertlos verschmäht. Verstehe bitte, dass genau das, was dich so ärgerlich auf mich macht, weil ich es dir nicht gebe, dazu führen würde, dass du erstickst.«

Ich schaute meinen Sohn an und dachte: »So muss Gott sich fühlen, wenn eins seiner Kinder um etwas bittet und er es nicht gewähren kann.« Es war eine lebenslange Lektion für mich. Es erlaubte mir zu begreifen, dass es Dinge gibt, für die ich nicht reif bin. Von diesem Tag an begriff ich, dass Gott mich nicht vergessen hatte und mich aus reiner Liebe schützte. Er wollte mir nicht meinen Herzenswunsch abschlagen – ich war noch nicht reif genug, mit dem umzugehen, worum ich gebeten hatte. Inzwischen glaube ich, dass Gott uns manches Gute nur zu unserem eigenen Schutz vorenthält. Er gibt uns alles zur rechten Zeit.

»Es handelte sich um eine Art Telepathie«

MOSHE BERNSTEIN, *Rabbi und Autor*

Als der braune Lederrucksack in der Gepäckschleuse am Flughafen von San Francisco verschwand, beschleunigte sich mein Puls. Trotz meiner Nervosität wusste ich rational, dass der Detektor bei dem kostbaren Gegenstand, der im Ranzen lag, nicht Alarm schlagen würde: einem 300 Jahre alten hebräischen Manuskript.

Die mit dem Buch verknüpfte Geschichte grenzte an ein Wunder. Nur wenige Monate vorher, Ende August 2002, hatte ein ehrenamtlicher Mitarbeiter im australischen New-Norcia-Kloster nördlich von Perth das Manuskript auf einem Regal der Klosterbibliothek entdeckt, eingehüllt in das Papier einer Metzgerei. Es war nie katalogisiert worden.

Der Grund, aus dem das Manuskript in meinem Besitz gekommen war, hatte mit seinem Inhalt zu tun: der Kabbalah. Das Studium der jüdischen Mystik ist eine meiner lebenslangen Leidenschaften. Aufgrund meiner Reputation als Experte und Dozent zu diesem Thema hatte mich der Abt des Klosters gebeten, die Echtheit des Buches zu prüfen.

Ich reiste mit drei Rabbiner-Kollegen nach New Norcia, um den Text zu untersuchen. Sobald ich das Buch gesehen hatte – ein wahres Kleinod jüdischer Kultur –, war ich fest entschlossen, es für das jüdische Volk zurückzugewinnen. Das Buch war eine von 17 handschriftlichen Kopien des *Schoschan Sodot*, dessen Ursprung auf das Jahr 1495 zurückgeht. Es ist ein Kompendium der gesamten kabbalistischen Weisheitslehre jener Zeit. *Schoschan Sodot* heißt übersetzt »Lilie der Mysterien«. In der jüdischen Numerologie hat das Wort Schoschan den numerischen Wert 656 – deshalb lautete der Titel des Buches auch »656 Geheimnisse«. Alle 656 Geheimnisse, darunter meditative Visualisierungen, astrologische Schaubilder und magische Anrufungen, waren erhalten. Es in einem Kloster in einem abgelegenen Busch in Westaustralien zu finden war für mich als Kabbalisten vergleichbar damit, als hätte ein Juwelier einen außergewöhnlichen Diamanten in irgendeiner dunklen Gasse gefunden.

Obwohl das Manuskript für das mittellose Kloster vielleicht wertvolles Kapital gewesen wäre, verlangte man kein Geld dafür, sondern verschenkte es großherzig. So begann für mich eine achtwöchige Reise um den Globus zusammen mit diesem einzigartigen Kleinod mit dem Ziel, einen Aufbewahrungsort zu finden, der seinem kulturellen, historischen und materiellen Wert entsprach.

Als der Rucksack auf der anderen Seite des Detektors in San Francisco auftauchte, atmete ich erleichtert auf. Nachdem ich ihn über die Schulter geworfen hatte, gingen meine Frau und ich zum Ausgang, wo wir unser Flugzeug zur Ostküste bestiegen.

Wir besuchten eine Woche lang meine Eltern in Philadelphia und feierten am ersten Weihnachtstag ihren 51. Hochzeitstag. Obwohl sie wie die meisten Juden keinen besonderen Draht zur Kabbalah hatten, waren sie doch von der Bedeutung des einzigartigen Texts beeindruckt, den ich bei mir hatte.

Von Philadelphia fuhren wir anschließend mit dem Auto nach West Orange in New Jersey, um ein paar Tage bei meiner Schwester und ihren beiden Töchtern zu verbringen.

Für den 31. Dezember hatten wir einen dreitägigen Trip nach New Orleans gebucht. Ich hatte ursprünglich geplant, das Manuskript mitzunehmen, weil ich mich schwer davon trennen konnte, seit es der Abt in meine Hände gelegt hatte. Meine Schwester überzeugte mich jedoch davon, dass es in ihrem Haus in einem ruhigen Vorort viel besser aufgehoben war.

In ihrem Haus gab es ein großes Souterrain, das in einen Gästetrakt verwandelt worden war. Nachdem wir unser Handgepäck mit der nötigen Kleidung für unseren Kurztrip nach New Orleans gepackt hatten, nahm ich das Manuskript mitsamt dem Lederrucksack, legte es sorgfältig in meinen größeren Koffer, der flach auf dem Fußboden lag, und schloss ihn aus Sicherheitsgründen ab.

Das Taxi zum Flughafen sollte jeden Augenblick eintreffen. Ich ging mit meinem Handgepäck die Treppe hoch, doch oben an der Treppe hielt ich ganz plötzlich inne. Das Manuskript sprach unmissverständlich zu mir. Es lässt sich schwer beschreiben, da es sich eher um eine Art Telepathie als um hörbare Worte handelte. Doch die Botschaft war klar: Das Buch wollte nicht in dem Koffer dort liegen.

Ich ging rasch die Stufen hinunter, schloss den Koffer auf und holte den Rucksack heraus. Nach einem hastigen Blick durch den Raum öffnete ich die Tür eines schmalen Besenschranks, verstaute den Rucksack in einem der oberen Fächer und ging nach oben. Das Taxi wartete bereits vor dem Haus.

Auf dem Weg zum Flughafen dachte ich an das, was ich getan hatte – etwas, das auf nichts als einer irrationalen Stimme in meinem Kopf basierte. Warum hatte ich dieses wertvolle Manuskript aus einem gut verschlossenen Koffer geholt und es ungesichert in ein offenes Fach gelegt? War ich ein Vollidiot oder einfach nur wahnsinnig?

Silvester in New Orleans entpuppte sich als wilde und wundersame Angelegenheit. Da ich keinen Alkohol trinke, fühlte ich mich bei den ausgelassenen Feiern wie ein Außenseiter. Doch vor dem Hintergrund des malerischen französischen Viertels, bombardiert vom rauen, rhythmischen Beat konkurrierender Bands, war es ein denkwürdiges Ereignis.

Am Neujahrsmorgen wurden wir von einem Telefonanruf meiner verzweifelten Schwester geweckt. In der Nacht war ihr Souterrain voll Wasser gelaufen. Unsere beiden Koffer und ihr gesamter Inhalt waren total durchnässt. Das Einzige, was der Überschwemmung entgangen war, war das kabbalistische Manuskript.

11

»Ich will noch nicht gehen«

Von der anderen Seite zurückkehren

»Ich will noch nicht gehen«

JANE SEYMOUR, *Filmschauspielerin*

Als ich mit einer schweren Bronchitis in Spanien die *Onassis Story* drehte, holte man einen Arzt an den Drehort, der mir ein Antibiotikum spritzte. Ich wusste sofort, dass etwas nicht stimmte. Ich hatte das Gefühl, dass mein Hals eng wurde. Als ich versuchte, laut zu sprechen, gelang es mir nicht.

Als Nächstes erinnere ich mich daran, dass ich in Panik geriet, und dann war die Panik vorbei. Ich war ganz ruhig und schaute auf meinen Körper herunter, während ich einen Mann »*Notfall, Notfall!*« brüllen hörte. Halb nackt wurde ich auf den Bauch gedreht. Zwei große Spritzen steckten in meinem Gesäß. Ich beobachtete das Geschehen aus einer Ecke des Raums und sah ein weißes Licht. Ich hatte weder Schmerzen, noch war ich angespannt. Ich schaute einfach und dachte: »Wie seltsam! Das da bin ich. Aber das kann doch gar nicht sein, wenn ich hier bin.« Da begriff ich, dass ich meinen Körper verlassen hatte und an der Schwelle des Todes stand.

Während ich schaute, sagte ich plötzlich: »Nein, nein, ich will noch nicht gehen. Ich will in meinen Körper zurück. Ich habe Kinder, die ich großziehen möchte, und es gibt noch so vieles, was ich tun möchte. Ich will anderen etwas geben. Ich will noch einiges auf der Welt bewirken. Ich bin einfach noch nicht reif dafür zu gehen.«

Deshalb wandte ich mich an jemanden da oben – Gott, eine höhere Macht oder wie immer man es nennen will – und sagte: »Wer auch immer du bist, ich werde deine Existenz nie leugnen und dich nie im Stich lassen. Ich werde keine Minute meines Lebens mehr verschwenden, wenn du es mir zurückgibst.«

Das Nächste, woran ich mich erinnere, war, dass ich mich wieder in meinem Körper befand.

Ich glaube, dass es ein geistiges Wesen gibt, das größer ist als wir. Ich habe das immer geglaubt, und jetzt bin ich noch mehr davon überzeugt. Ich glaube, dass jemand mir zuhört und mir ein ungeheuer gesegnetes Leben schenkt.

»Ich hatte einen Herzstillstand und wurde für tot erklärt«

KATHY BAKER, *Inhaberin einer Sicherheitsfirma*

Am 16. Mai 1985 ging ich aus einem ganz normalen Anlass ins Krankenhaus: Ich wollte ein Kind zur Welt bringen. Nach 19 Stunden erfolgloser Wehen beschlossen die Ärzte, einen Kaiserschnitt vorzunehmen. Ich hatte zufällig auf der Station als Krankenschwester gearbeitet und volles Vertrauen zu der Entscheidung und den Menschen, die sie trafen. Ich wusste, dass alles gut gehen würde.

In dem Augenblick, als die Ärzte im OP das Baby nach einer Viertelstunde Vorbereitung holen wollten, trat ein Problem auf. Man hatte mir die Epiduralanästhesie versehentlich in die Venen gespritzt. Um Viertel nach acht kam meine Tochter zur Welt, und im selben Augenblick hörte mein Herz auf zu schlagen. Ich merkte, wie ich erstickte. Ich hatte einen Herzstillstand und wurde für klinisch tot erklärt.

Ich nahm wahr, wie das Notfallteam versuchte, mich zu retten, und der Arzt den Anästhesisten anschrie: »Wie lange noch? Wie lange noch?«

Während ich über meinem Körper schwebte, der auf dem OP-Tisch lag, versprach mir ein sehr liebevolles Wesen, das ich Gott nenne, dass es mir bald gut gehen und ich ins Licht gehen würde. Die Kommunikation erfolgte nicht über Worte, sondern über Gedanken. Dann schwebte ich schwerelos und ohne berührt zu werden durch einen Tunnel nach oben.

Im Tunnel kam ich an anderen Wesen vorüber, die mir ein tiefes Gefühl von Liebe vermittelten. Als ich am anderen Ende herauskam, trat ich in ein helles Licht, das mich aber nicht blendete. Anschließend fand ich mich auf einer wunderschönen Straße wieder. Von dort wurde ich in ein Gebäude geführt, und als ich eintrat, umgaben mich herrliche Lichter in den verschiedensten Farben.

Ich wurde von einigen sehr liebevollen Wesen empfangen, die mir Dinge vorhersagten, die in meinem Leben noch passieren würden. Sie machten mir klar, dass das Leben sehr einfach ist und wir es durch Probleme komplizieren. Sie sagten mir, wir müssten lernen, uns und andere zu lieben. Die schwierigste Lektion sei, zunächst uns selbst zu lieben. Menschen würden Selbstliebe mit Selbstsucht verwechseln und glauben, die eigentliche Lektion sei, andere zu lieben. Aber diese Art zu denken verursache oft Verwirrung und Probleme. Wir könnten andere nicht so akzeptieren, wie sie sind, wenn wir nicht zuerst uns selbst akzeptierten.

Anschließend erklärten sie mir, dass wir auf Erden viele Lektionen in vielen Formen zu lernen haben. Was wir für eine negative Lektion hielten, fördere in Wirklichkeit unser Wachstum. Danach wurde mir gesagt, dass ich zurückkehren müsste, auch wenn ich gern dableiben wollte.

Ich lag drei Tage im Halbkoma. Als ich aufwachte, erzählte ich den Ärzten und Schwestern, dass ich mit angesehen und gehört hatte, was sie im OP gesagt und getan hatten. Sie kommentierten es mit den Worten: »Das können Sie gar nicht gewusst haben. Sie waren klinisch tot!«, und bestätigten mir damit meine Erfahrung.

Nachdem ich wieder gesund war, konnte ich viele Jahre lang nicht darüber sprechen, aber ich bin dankbar für die Liebe und Führung, die ich von Gott erfuhr. Ich weiß, dass Gott mich zurückgeschickt hat, um anderen zu helfen, die Schönheit und das Licht statt der Dunkelheit zu sehen.

»Ich habe keine Angst mehr vor dem Tod«

JANICE LUNNON, *Altenseelsorgerin*

Im Januar 1995 flog ich mit einer Gruppe namens »Foundation of Higher Learning« nach Neuseeland, um an einem zweiwöchigen Zen-Retreat teilzunehmen. Diese Gruppe trifft sich, um die alten Lehren verschiedener Religionen zu studieren. Bei dem Retreat meditierten wir und sangen Mantras, denn wir wollten unsere Schwingungen erhöhen, um bessere und liebevollere Menschen zu werden. Unser Ziel war, das menschliche Bewusstsein auf eine höhere Ebene des Friedens und der Liebe zu heben und damit das spirituelle Bewusstsein weltweit zu erhöhen.

Ein paar Tage nach dem Retreat setzte ich mich zu Hause hin, um für mich allein zu meditieren. Ich hatte gerade einen Zustand tiefen Friedens erreicht, in dem meine Gedanken aufgehört hatten, in meinem Kopf herumzusummen, als ich plötzlich den Eindruck hatte, zu schweben. Erstaunt stellte ich fest, dass nicht mein Körper, sondern ein anderer Teil von mir schwebte. Ich war in einem Zustand der Glückseligkeit und schaute von oben auf meinen Körper herunter. Da fing ich an, mich unwohl zu fühlen, weil ich nicht wusste, worauf das Erlebnis hinauslief und ob ich es stoppen könnte. Ich beobachtete alles von oben, bis mich die Panik ergriff und ich wieder in meinen Körper zurückglitt.

Nach dieser Erfahrung war ich sehr glücklich, weil ich begriff, dass ich mir selbst gerade bewiesen hatte, dass ich eine Seele und nicht mein physisches Selbst bin. Ich habe seither nicht mehr daran gezweifelt, dass ich eine Seele bin, die ewig lebt und sich reinkarniert. Jetzt habe ich keine Angst mehr vor dem Tod.

»Rette die Kinder«

HERBERT SEE POY, *Jazzmusiker*

Frühmorgens am 15. Mai 2005 fuhren mein Freund Pedro und ich mit dem Auto von Cairns (im Norden von Queensland in Australien) nach Innisfail mit Pedros sechs Meter langem Fiberglasboot im Schlepptau. Wir ließen das Boot in der Mündung des Johnstone River zu Wasser und schipperten nach Howie Reef, das zum berühmten Great Barrier Reef gehört.

Kaum hatten wir unsere Angeln ausgeworfen, bissen die Fische an. Schon bald hatten wir genug gefangen und machten uns daran, unseren Fang zu säubern und auf Eis zu legen. Um sieben Uhr abends war unser Eisbehälter randvoll und unsere legale Fangquote erreicht. Wir aßen eine Kleinigkeit und waren sehr guter Dinge. Eigentlich hatten wir vorgehabt, über Nacht draußen zu bleiben, aber wir beschlossen, unsere Familien zu überraschen und eher als geplant nach Hause zu fahren.

Die Navigation war mithilfe des GPS kein Problem, doch als wir die Flussmündung erreichten, sahen wir die rote Leuchtboje nicht, mit deren Hilfe Boote sicher durch eine enge Passage an gefährlichen Felsen vorbei in den Fluss geleitet werden. Zu allem Überfluss herrschte noch sehr starker Nebel. Später stellte sich heraus, dass das Licht auf der Boje in jener Nacht nicht gebrannt hatte.

Ich steuerte das Boot, und Pedro saß auf dem Bug, um nach der Boje Ausschau zu halten, als das Unglück passierte. Wir fuhren genau auf die Felsen auf, die wir vermeiden wollten. Pedro wurde sechs Meter auf die Felsen geschleudert, und ich prallte nach vorn gegen das Steuer und das Armaturenbrett. Ich setzte per Handy einen Notruf ab und nannte die Einzelheiten. Wie ich auf die von Austern bedeckten Felsen kletterte, die mein linkes Bein aufschlitzten und zwei Sehnen in meinem Knöchel und Schienbein durchtrennten, weiß ich nicht mehr. Die Polizei berichtete meinem Sohn später, dass sie mich fand, als ich die Straße entlangwankte.

Das Geräusch des Rettungshubschraubers brachte mich kurz zu Bewusstsein, aber ich kann mich weder an die Ankunft in Cairns noch an irgendetwas anderes in den folgenden fünf Wochen erinnern, in denen ich auf der Intensivstation des Militärhospitals von Cairns im künstlichen Koma lag.

In diesen fünf Wochen mit einer perforierten und kollabierten Lunge, sechs gebrochenen Rippen und tiefen Schnitten an den Beinen und am Kinn machte ich mehrere Lungenentzündungen durch. Beim vierten Mal schlug die konventionelle Behandlung nicht mehr an. Die Ärzte eröffneten meiner Freundin Greta, dass ich in Lebensgefahr schwebte und sie nicht mehr an meine Genesung glaubten. Bevor sie an diesem Morgen das Haus verließ, betete sie am Telefon mit meinem alten Freund Bischof George Tung Yep.

Bei ihrer Ankunft im Krankenhaus wurde Greta sofort zu

mir gelassen. Sie setzte sich an mein Bett, nahm meine Hand und wiederholte das Gebet, das sie mit Bischof Tung Yep gesprochen hatte. Während sie betete, kam eine Schwester ins Zimmer und stellte sich vor. Sie sagte, ihr Name sei Sue, und sie sei die Assistentin eines Arztes, der an Menschen ein neues Medikament gegen multiple Infektionen und Viren erprobe. Sie fragte Greta, ob sie einverstanden sei, dass ich in diesen Versuch mit aufgenommen werde.

Ich wurde inzwischen künstlich beatmet, und es ging rasant mit mir zu Ende. Die Krankenschwester erklärte, dies sei die allerletzte Gelegenheit, noch an der Studie teilzunehmen, denn sie müsse dem pharmazeutischen Unternehmen in den USA bis zum frühen Nachmittag den Entscheid mailen und faxen.

Meine Familie gab grünes Licht. Wie durch ein Wunder war ich zwölf Stunden nach Beginn der Behandlung außer Gefahr. Zwei Wochen später, als meine Lungen ohne künstliche Beatmung funktionierten, wurde ich aus dem Koma geholt.

Als Erstes bat ich um Papier und Stift. Das waren die Worte, die ich aufschrieb: »Ich war im Himmel und habe mit Gott gesprochen. Ich muss die Kinder retten.«

Meine Erinnerung an den Himmel begann mit einem Grillfest neben einem kristallklaren, von wunderschönen makellosen Bäumen überschatteten Fluss. Ich sagte zu dem Mann, der bei mir war: »Was werden wir denn essen? Wir haben gar nichts dabei.« Er fragte: »Was hättest du den gern?« »Garnelen«, antwortete ich. Er nahm ein Netz, tauchte es in den Fluss und zog es voller Garnelen wieder heraus.

Dann ging ich einen Pfad entlang, der zu einer steinernen Mauer führte, die einen Meter hoch, einen Meter breit und einen Meter dick war. Es war dunkel, und als ich durch den Eingang trat, kam ich in ein riesiges, von Bergen umgebenes Tal. Im selben Augenblick zerbarsten die Berge in das spektakulärste Feuerwerk, das ich je gesehen habe. Riesige leuchtende Felsen wurden hoch in die Luft geschleudert, ohne jemanden zu verletzen. In dem funkelnden Licht konnte ich Tausende von Menschen sehen, die Freudenfeuer angezündet hatten. Der Lärm war ohrenbetäubend, und die Lichtblitze blendeten meine Augen. So etwas konnte man auf Erden nicht erleben.

Als der Lärm verebbte, sah ich einen Mann in einem langen weißen Gewand mit dem Rücken zu mir, der in einiger Entfernung von dem Platz, an dem ich saß, unter den Menschen umherwandelte. Ich rief: »Bist du es, Gott?«, aber ich erhielt keine Antwort. Dann fragte ich: »Was bedeutet das ganze Treiben hier?« Die Stimme, die antwortete, erfüllte das ganze All: »Rette die Kinder. Verwende deine Zeit, deine ganze Energie und dein Geld darauf, die Kinder zu retten. Lass nicht zu, dass es noch ein einziges krankes, hungriges oder unglückliches Kind gibt.«

Die Stimme verstummte, und als ich genauer hinsah, merkte ich, dass die gesamte Menschenmenge aus Kindern etwa zwischen sechs und zwölf Jahren bestand. Ich glaube, es war Jesus, an den ich mich gewandt hatte, aber es war Gottes Stimme, die antwortete.

Ich bin religiös aufgewachsen und war immer gläubig. Wenn ich vorher irgendwelche Zweifel hegte, bestärkte diese

Erfahrung meinen Glauben an ein Jenseits und bestätigte ihn endgültig.

Seit dem Unfall habe ich eine neue Begeisterung für meine Musik entwickelt. Ich übe fleißig Saxofon und schreibe neue Songs. Irgendwann möchte ich eine CD herausbringen und den Erlös einer Wohltätigkeitsorganisation für Kinder spenden.

»Eine anhaltende Euphorie«

JENNIFER SKIFF, *Journalistin und Autorin*

An meinem zwölften Geburtstag bekam ich ein brandneues Fahrrad mit zehn Gängen geschenkt. Zusammen mit dem Fahrrad erhielt ich von meiner Mutter die strenge Ermahnung, auf keinen Fall auf dem nahe gelegenen, stark befahrenen Highway zu radeln. Aber als eine Freundin drängelte, dauerte es nicht lange, bis wir dort unterwegs waren.

Plötzlich hatte ich ein ganz wunderbares Gefühl – die einzige Art und Weise, es zu beschreiben, wäre, es mit einer anhaltenden Euphorie zu vergleichen. Ungefähr zehn Meter unter mir stand ein VW Käfer. In der zertrümmerten Windschutzscheibe hing etwas, was wie eine blonde Perücke aussah, und vor dem Auto lag auf dem Asphalt ein zusammengekrümmter Körper.

Ich sah, wie zwei Frauen aus dem VW ausstiegen und sich dem Körper näherten. Andere Autos hielten an, und Leute eilten zu Hilfe, während meine Freundin furchterstarrt mit den Händen den Lenker umklammerte. Da begriff ich, dass der Körper mir gehörte.

Plötzlich verschwand das wunderbare Gefühl, und ich war

wieder in meinem blutenden Körper, mein Kopf war kahl rasiert und meine Wirbelsäule freigelegt.

Einen Monat später war ich wieder wohlauf. Aber erst als ich erwachsen war und hörte, dass andere Menschen ähnliche Erfahrungen gemacht hatten, erzählte ich, was ich damals erlebt hatte. Seitdem habe ich keine Angst mehr vor dem Tod.

»Religion ist Menschenwerk und nicht von Gott«

STEVE SIRBACK, *pensionierter Sheriff*

Am 9. März 2001 wurde ich nach zwei schweren Infarkten am Herzen operiert und bekam vier Bypässe. Nach der Operation konnte der Chirurg mein Herz nicht mehr in Gang bringen, und ich war etwa zwanzig Minuten lang klinisch tot.

In dieser Zeit ging ich durch einen Lichttunnel. Auf der anderen Seite war es außerordentlich schön, mit unglaublich leuchtenden Farben, die mit nichts vergleichbar waren, was ich je gesehen hatte, und ich erlebte ein unbeschreibliches Gefühl von Wärme, Frieden und Liebe. Ich spürte, dass ich in der Gegenwart von etwas Großem war, was ich den »Geist des Lichts« nennen möchte. Ich kam mir klein und geliebt vor.

Mir wurde eröffnet, dass es viele Wahrheiten gibt, für die die Welt noch nicht reif ist, und dass die Zeit für die Offenbarung dieser Wahrheiten noch kommen wird. Wenn ich zurückkehren wollte, müsste ich den Menschen folgende Botschaft überbringen:

Religion ist Menschenwerk und nicht von Gott. Die Religion trennt uns, während es Gottes Wille ist, dass wir ihn, den einen und wahren Gott, als eine Familie anbeten. Um ins Paradies zu kommen, müssen wir Gott von ganzem Herzen und ganzer Seele lieben. Doch das allein genügt nicht. Wir müssen uns auch gegenseitig lieben, respektieren, vergeben und helfen. Wir dürfen über andere nicht urteilen und uns auch nie von jemandem in Not abwenden. Wir müssen alles Leben und alle Geschöpfe lieben und ehren. Wenn sie keinen Wert hätten, hätte Gott sie nicht erschaffen. Wenn die Menschen das befolgen, kann und wird die Erde bestehen bleiben, und wir werden ins Paradies eingehen. Wenn die Menschen sich weiter von Gott abwenden, werden sie für ihren Ungehorsam zahlen.

Diese Erfahrung hat mich verändert. In meinem Leben gibt es jetzt sehr viel mehr Liebe und Anteilnahme. Mein Ziel ist, diese Botschaft an so viele Menschen wie möglich weiterzugeben und auf diese Weise mehr Menschen für Gott und die Einsicht zu gewinnen, wie wichtig es ist, uns gegenseitig zu lieben.

Dank

Die Reise begann mit einem Zwischenstopp in San Diego, während ich auf dem Weg von Australien nach Neuengland war. Ich wollte zwei wunderbare Tage mit einer meiner besten Freundinnen verbringen. Als meine Schwester Katy mich bat, mich mit einer Freundin von ihr zum Lunch zu treffen, sagte ich, ich habe keine Zeit. Doch wie das Glück (oder die Fügung) es wollte, holte ich mir auf dem Flug von Sydney eine Grippe, die mich so sterbenskrank machte, dass ich meinen Aufenthalt verlängern musste. Als es mir besser ging, traf ich mich mit Katys Freundin, der Pastorin Millie Landis, zum Lunch. Bei dieser Gelegenheit stellte mir Millie die Frage, ob ich Geschichten über Gott kennen würde, und mit dieser Frage setzte sie etwas in Gang. In der Umgebung von Millie zu sein ist, als würde man einen Augenblick mit einem Engel erleben. Sie hat mir ein wunderbares Geschenk gemacht.

Meine lieben Freundinnen und Mentorinnen beim Schreiben, die heitere Susan Maushart und die faszinierende Elisabeth Luard, waren der Meinung, dass es eine großartige Idee für ein Buch war. Deshalb nahm mich Elisabeth, der ich ewig dankbar sein werde, bei der Hand und machte mich mit Abner Steins bekannt. Abner vermittelte mir die großartige

Susan Raihofer, die mir beim Verfassen des 60-seitigen Exposés für das Buch half und mich mit Julia Pastore bekannt machte, die es sofort aufgriff.

Mein wunderbarer Bruder Jim Skiff richtete die Website Godstories.com ein. Bald darauf nahmen sich die Medien der Idee an und verhalfen diesem Projekt zur Bekanntheit.

Es war eine außerordentlich bereichernde Erfahrung für mich, mit einem Team gestandener Profis bei meinen Verlagen zusammenzuarbeiten. Mein Respekt und meine Dankbarkeit gelten allen bei Harmony, Crown und Random House, die sich dieses Projekts angenommen haben.

Ich bin dankbar, Eltern zu haben, die auf ihre Kinder stolz sind, sie lieben und sie ohne Erwartungen und frei von Hass aufgezogen haben. Meiner Familie in Australien danke ich dafür, so viel Licht in mein Leben zu bringen.

Und was meinen »James Bond« Jon angeht: Danke, dass du mich gefunden, an die Hand genommen und mir gezeigt hast, dass das Leben ein Fest ist. Du bist das Beste, was ich habe, mein wunderbarer Mann. Danke, dass du mein Herz wärmst und mich beschützt.

Eine wahre Geschichte der Rettung und Heilung zu erleben ist jedoch das allergrößte Geschenk, eine Bestätigung, dass es etwas gibt, was über diese Welt hinausgeht. Fast alle, die einen Beitrag in diesem Buch veröffentlicht haben, sagten übereinstimmend, dass sie sich aufgerufen fühlten, anderen ihre Geschichte mitzuteilen. Ich glaube, dass wir alle aus einem bestimmten, wichtigen Grund zusammengeführt wurden: Wir unternehmen eine gemeinsame Reise.

Über die Autorin

Jennifer Skiff war mehr als zehn Jahre als investigative Journalistin bei CNN tätig und hat im Laufe ihrer internationalen Karriere als Fernsehjournalistin mehrere Auszeichnungen bekommen. Ihr Spezialgebiet ist der Umweltschutz, und unter anderem hat sie den bedeutenden »Environmental Media Award« bekommen. Bei ihrem leidenschaftlichen Einsatz für Tiere und deren Wohlergehen arbeitet sie mit Wohltätigkeitsorganisationen in der ganzen Welt zusammen, um misshandelten und ausgesetzten Tieren zu helfen.

Der Schrecken einer Krebserkrankung Anfang dreißig überzeugte sie davon, dass eine göttliche Präsenz in ihrem Leben aktiv ist. Ihre journalistischen Instinkte wurden geweckt, und sie fing an zu recherchieren, ob auch andere Menschen ähnliche Erfahrungen gemacht hatten. Das Ergebnis ist ihr erstes Buch *Ich habe Gott erfahren*, eine Sammlung von inspirierenden Berichten über wunderbare Begegnungen mit Gott.

Mit ihrem Mann und ihren Hunden verbringt Jennifer Skiff ihr Leben in einem ständigen Wechsel zwischen Maine und Australien.

Um mehr zu erfahren oder eine eigene Geschichte mitzuteilen, besuchen Sie die Internetseite www.Godstories.com.

Heilen mit der Kraft des Geistes

I. Kraaz/W. v. Rohr,   21787
Die richtige Schwingung heilt

Catherine Ponder,   21772
Die dynamischen Gesetze der Heilung

Kalashatra Govinda,   21758
Chakra Praxisbuch

Ted Andrews,   21737
Kleines Lehrbuch für Heiler

Wachsen und sich wandeln

Michael Dawson,   21736
Der Weg der Vergebung

Marianne Williamson,   21744
Das Geschenk der Wandlung

M. Scott Peck,   21666
Der wunderbare Weg

Jack Allanach,   21733
Der Feind in deinem Kopf

GOLDMANN
ARKANA

108 Wegweiser zu den Quellen des Lebens

ISBN 978-3-442-33788-0

Ist es schwer oder gar unmöglich, Gott zu finden? Nein, sagt Jason
Shulman, viel schwerer ist es, ihn auf Dauer zu vermeiden.
Es kommt lediglich darauf an, sich ihm zu öffnen und intellektuelle
Hindernisse zu beseitigen, die verhindern, dass der Mensch von Gott
gefunden werden kann. Wir sind alle fähig, die ewigen Wahrheiten
zu verkörpern, weil wir für eben diese Wahrheiten geschaffen wurden.
Diese Wahrheiten sind es, die das Universum zusammenhalten.
Dies zu realisieren und sofortige Befreiung zu erlangen ist eines.